Tresor AFFRI

RELIGION DEHIMA, SIKA MAMBA

Tresor AFFRI

RELIGION DEHIMA, SIKA MAMBA

L'évangile du prophète ABIDICÉ

Éditions Muse

Cover image: www.ingimage.com

Publisher:
Éditions Muse
is a trademark of
Dodo Books Indian Ocean Ltd. and OmniScriptum S.R.L publishing group

120 High Road, East Finchley, London, N2 9ED, United Kingdom
Str. Armeneasca 28/1, office 1, Chisinau MD-2012, Republic of Moldova, Europe
Printed at: see last page
ISBN: 978-620-4-96301-3

RELIGION DEHIMA

SIKA MAMBA

LES EVANGILES DE GNIAN BAGUÊ HGLONHYO SELON LEZE ALABIAM SOYALO

L'EVANGILE DU PROPHETE ABIDICE

CIEL: ALADALAKOUTÖLI

JOUR: VENDREDI

La dimension DIVINE de GNIANSÔWLOUA GBAMLA DODO, LA TERRE

C : Cantique
L : Lexique

SOMMAIRE

C : Cantique
L : Lexique

ATTENTION !

« O PLE LOUOZIPLA LAGÔ !
Ô MIN GBAGNEGNINOUGNON YA YOUHO YEKOU ! »

(C'EST UN DIEU JALOUX QUI CHÂTIE LE PECHEUR ET SES DESCENDANTS)

NE PHOTOCOPIEZ PAS CE DOCUMENT C'EST UN PECHE !

C : Cantique
L : Lexique

PRECISION

Awênian ho! Essiahbalo! (L1)

Bêlié(L2), Bêwlin(L3), partageons ce cantique à la gloire de Gnian BAGUÊ HGLONHYO(L4), pour la vérité DIVINE qu'elle nous a révélée.

"BAGUÊ HGLONHYO, namba mon tchi!
Refrain: A hbihbié LAGÔ!
BAGUÊ HGLONYO, Ô tchi ta o lié nin a nouwéli!
Refrain: A hbihbié LAGÔ!
BAGUÊ HGLONHYO nan, LAGÔ nan!
Refrain: A hbihbié LAGÔ!
DJREMALAHGLON, Ô tchi ta o lié nin a nouwéli!
Refrain: A hbihbié LAGÔ!
BAGUÊ HGLONHYO nan, DODO nan!
Refrain: Ahbihbié LAGÔ!
GBOULOUSSAHGLON, Ô tchi ta o lié nin a nouwéli!
Refrain: Ahbihbié LAGÔ!
BAGUÊ HGLONHYO nan, ZOZI nan!
Refrain: Ahbihbié LAGÔ!
GÔZISSIEHGLON, Ô tchi ta o lié nin a nouwéli!
Refrain: Ahbihbié LAGÔ!
BAGUÊ HGLONHYO, namba mon tchi!
Refrain: A hbihbié LAGÔ!
DAGBËZELIHGLON, Ô tchi ta o lié nin a nouwéli!
Refrain: Ahbihbié LAGÔ!
A wè ho!
A wè ho!"

C : Cantique
L : Lexique

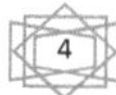

(BAGUÊ HGLONHYO, dit des vérités mathématiques.
Refrain: Prions DIEU!
BAGUÊ HGLONHYO, ne repète la parole de personne.
Refrain: Prions DIEU!
BAGUÊ HGLONHYO dit:"DIEU dit".
Refrain: Prions DIEU!
La Messagère ne repète la parole de personne.
Refrain: Prions DIEU!
BAGUÊ HGLONHYO dit: "La Terre dit".
Refrain: Prions DIEU!
La Libératrice ne repète la parole de personne.
Refrain: Prions DIEU!
BAGUÊ HGLONHYO dit: "JESUS dit".
Refrain: Prions DIEU!
La Brûleuse de fétiches ne repète la parole de personne.
Refrain: Prions DIEU!
BAGUÊ HGLONHYO, dit des vérités mathématiques.
Refrain: Prions DIEU!
La Dame de la prospérité ne repète la parole de personne.
Refrain: Prions DIEU!
Nous aimons (Le service DIVIN)!
Nous aimons (Le service DIVIN)!

Awènian ho !

Non ! Le DEHIMA(L5) n'est pas de la sorcellerie!
Non ! Le DEHIMA n'est pas une forme maquillée d'animisme!
Non ! Le DEHIMA n'est pas une secte mystique, pernicieuse et maléfique!
Non ! Le DEHIMA n'est pas une religion syncrétique, née de la fusion de plusieurs religions notamment l'animisme et le christianisme!

C : Cantique
L : Lexique

Comment peut-on alors définir Le DEHIMA ?

Du point de vue étymologique, le nom «DEHIMA», est une phrase Dida notamment Godié, ethnie parlée dans le centre-ouest et le sud-ouest, de la CÔTE D'IVOIRE, qui peut se traduire de la façon suivante en français :

DËH: Les nouvelles
YI: sont arrivées
MA: ici.

DËHYIMA ou plus conventionnellement, DEHIMA signifie en français:
« Les nouvelles sont arrivées ici ».
Le DEHIMA est un ensemble de nouvelles qui sont arrivées ici c'est-à-dire en Afrique. Le DEHIMA, est un ensemble de nouvelles qui sont parvenues aux africains.

Cette définition étymologique Du DEHIMA suscite plusieurs interrogations.

Bêlié, Bêwlin, quel est la nature des nouvelles qui sont parvenues aux africains par Le DEHIMA ? Qui les a apportées ?
Laissons le Djlêma(L6) nous répondre à travers ce cantique du réveil :
« Ayi ho!
HGLONHYO ho, mou a wéli kamaka ho, Lagôdou ho !
MINHNINSA BAGUÊ HGLONHYO ya wéli la ho !
BAGUÊ HGLONHYO ho, na bô ho ! »
(Venez !
HGLONHYO est allée commander la parole depuis les cieux DIVINS et nous l'a apportée.
Que BAGUÊ HGLONHYO en soit remerciée !)

Bêlié, Bêwlin, le cantique, nous révèle qu'une personne nommée BAGUÊ HGLONHYO, nous a apporté la parole qu'elle est allée

C : Cantique
L : Lexique

chercher dans les cieux. Nous devons par conséquent, lui en être reconnaissants.
A travers ce cantique, nous comprenons que l'ensemble des nouvelles dont il est question dans la définition étymologique du nom « DEHIMA », **est la parole**, que BAGUÊ HGLONHYO a rapportée des cieux aux Djamatlikis (L7), les africains.
Le DEHIMA, est par conséquent l'ensemble des nouvelles célestes, que BAGUÊ HGLONHYO, a rapportées, à l'humanité noire.
Le DEHIMA, est la parole DIVINE, révélée à l'humanité noire par BAGUÊ HGLONHYO.
Le DEHIMA, est l'évangile révélée à l'humanité noire par BAGUÊ HGLONHYO.
Le DEHIMA est la lettre d'ABA LAGÔ à l'humanité noire par l'intermédiaire de BAGUÊ HGLONHYO.
Le DEHIMA, est l'évangile selon BAGUÊ HGLONHYO, révélé depuis les cieux à l'humanité noire.
Le DEHIMA, est la religion authentique à part entière, que le Père Créateur a révélée à l'humanité noire, par la bouche de BAGUÊ HGLONHYO, afin de l'affranchir de la domination maléfique de DEVLO KALAKILO(L8), le diable !

Bêlié, Bêwlin, cette définition de la religion DEHIMA, légitime une autre interrogation : Qui est BAGUÊ HGLONHYO, cette personne qui révéla la réligion DEHIMA ?

MINHNINSA(L9) BAGUÊ HGLONHYO, n'est pas une adoratrice du dragon, contrairement à ce que les autorités coloniales ont tenté de faire croire, à travers ce film mensonger, diffusé dans certaines salles de cinéma de la Côte D'Ivoire en 1952 pour salir sa mémoire et qu'ABA LAGÔ (L10) les a contraintes à cacher pour toujours dans leurs archives, suite à la prière de Papa ACONTE, le premier Chef Suprême de la religion DEHIMA!

C : Cantique
L : Lexique

BAGUÊ HGLONHYO n'est pas une sorcière, contrairement à ce qu'enseignent les religions coloniales importées !
BAGUÊ HGLONHYO n'est pas qu'une Prophétesse, comme le pensent la plupart des croyants, notamment les fidèles DEHIMA !

Pour ses contemporains, BAGUÊ HGLONHYO, n'est personne d'autre que DJIGBA DAHGLON, la fille de GNAKÔ DJIGBA et de sa femme GBALEKA ATEHONON. Elle est native de GAGOUE, village de la CÔTE D'IVOIRE, situé dans l'actuelle région du LÔH DJIBOUA, dans le département de LAKOTA, précisément dans la sous-préfecture de NYAMBEZARIA. Elle naquit selon la tradition orale vers 1892, à la date consensuellement admise du 10 Août et rendit l'esprit le 24 janvier 1951 à 20 heures à NYAMBAZARIA. Elle fut inhumée à GAGOUE, le lendemain, c'est-à-dire le 25 janvier aux environs de 4 heures du matin. Chaque année, les fidèles du monde entier se rassemblent le 24 janvier, à Gagoué, pour la commémorer, à l'occasion du pèlerinage de la religion DEHIMA.

Au-delà de cette présentation purement historique, qui est réellement BAGUÊ HGLONHYO pour l'humanité noire ? Quelle est l'identité spirituelle et DIVINE, de BAGUÊ HGLONHYO ?

L'identité spirituelle de Gnian BAGUÊ HGLONHYO ne peut être donnée par la chaire et le sang, qu'elle transcende. Consultons par conséquent, une fois de plus le Djlêma, à travers les cantiques biographiques suivants, afin qu'il nous éclaire :

- "LAGÔ loboyou ho!
  DODO wawayou ho!
  LAGÔ zô yibéli da ho!
  Yibé namba zô kilayo!
  A zou ôgui ho, A ka lébénou!"

C : Cantique
L : Lexique

(La Fille-Messagère Du Père Créateur!
La fille Bien-Aimée de La Terre!
Le Père Créateur l'a marquée!
C'est sous le sceau de cette marque qu'elle parle.
Soyons-lui obéissants pour servir Le DIVIN.

- "LAGÔ loboyou ho!
  Dodo wawayou ho!
  LAGÔ la: "A na blo la ka ho!
  Ô kagnia popo guéglayo!
  A zou ôgui ho a ka lébénou!""

(La Fille-Messagère Du Père Créateur!
La fille Bien-Aimée de La Terre!
Le Père Créateur dit: " Ne la persécutez pas!
Elle va arranger votre monde.
Soyez-lui obéissants pour me servir!"

Les cantiques nous révèlent que Gnian BAGUÊ HGLONHYO, est la Fille-messagère d'ABA LAGÔ, Notre Père Créateur !
Les cantiques nous révèlent que Gnian BAGUÊ HGLONHYO, est la Fille bien-aimée de GNIANSÔWLOUA GBAMLA DODO(L11), Notre Mère Nourricière, La Terre. Les cantiques nous révèlent que Gnian BAGUÊ HGLONHYO, s'adressa à l'humanité, marquée du sceau de la filiation du Père Créateur qui l'a envoyée et de La Mère Nourricière qui l'a reçue.
Les cantiques nous révèlent que l'humanité ne doit pas persécuter Gnian BAGUÊ HGLONHYO, en rejetant sa parole c'est-à-dire la religion DEHIMA.
Les cantiques nous révèlent, que l'humanité doit accepter Gnian BAGUÊ HGLONHYO pour servir Le DIVIN, car elle est venue pour arranger le monde.

C : Cantique
L : Lexique

Bêlié, Bêwlin, que les oreilles entendent la parole de vérité !
Que les cœurs troublés comprennent car ils seront apaisés !
Que les âmes souillées et captives chantent d'allégresse car elles seront purifiées et délivrées!
Que les esprits malades du péché se réjouissent car ils seront guéris!
Gnian BAGUÊ HGLONHYO est une sainte et bien plus encore !
Gnian BAGUÊ HGLONHYO est une prophétesse et bien plus encore !
En vérité, en vérité, Gnian BAGUÊ HGLONHYO est la Fille de DIEU et de la Terre.
Gnian BAGUÊ HGLONHYO est Le Christ qu'ABA LAGÔ donna à GNIANSÔWLOUA GBAMLA DODO, pour sauver l'humanité noire et partant l'humanité, de la domination maléfique de DEVLO KALAKILO!
Les enseignements de Gnian BAGUÊ HGLONHYO sont des vérités DIVINES, qui ne sont empruntées d'aucune autre religion.
La réligion DEHYIMA est la vérité DIVINE absolue, révélée par Gnian BAGUÊ HGLONHYO, sous le sceau de sa filiation avec ABA LAGÔ, Notre Père Créateur, de GBAMLA DODO, La Terre, Notre Mère Nourricière et de sa fraternité avec Le Christ JESUS, Le Premier fils d'ABA LAGÔ. C'est pourquoi elle a dit : « ABA LAGÔ est mon Père. GNIANSÔWLOUA GBAMLA DODO est ma Mère et DJIZESS KLASSI (L12) est mon Frère. »

Djamatlikis!
Dehyimagnoan (L13)!
Le DEHIMA, est la plus complète et la plus puissante des spiritualités révélées à l'humanité, depuis la fondation du monde.
Le DEHIMA est le Sika Mamba(L14), l'or pur, le trésor DIVIN d'une valeur inestimable.
Le DEHIMA est la religion des religions!
Bélié, Bêwlin, ce n'est pas à vous, qui avez cru en BAGUÊ HGLONHYO, KPLÔKPLÔHGLON (L15), de chercher chez les autres, la confirmation

C : Cantique
L : Lexique

des vérités DIVINES contenues dans sa parole. C'est plutôt à eux, de venir trouver dans Le DEHIMA, l'accomplissement des vérités primitives, qui leur ont jadis été révélées.
En effet, si les bienheureux ont découvert la voie de l'illumination, qui les apaise.
Si les élus ont reçu des lois primitives, pour lesquelles ils sont prêts à tuer.
Si les rachetés ont reçu la bonne nouvelle, qui réjouit leurs cœurs.
Nous, les fidèles DEHIMA, avons reçu la véritable nouvelle, qui donne accès Au DIVIN par la purification du péché !

La véritable nouvelle, est que les Djamatlikis sont les enfants bien-aimés d'ABA LAGÔ, Le Père Créateur et de GNIANSÔWLOUA GBAMLA DODO, La Mère Nourricière.
La véritable nouvelle, est que ce n'est pas la malédiction d'ABA LAGÔ mais leurs péchés qui ont mis les Djamatlikis en retard sur les autres races, notamment les Efindas et les Djamatlikpas.
La véritable nouvelle, est qu'ABA LAGÔ a tellement aimé les Djamatlikis, qu'il leur a envoyé BAGUÊ HGLONHYO, sa Fille bien-aimée, afin qu'elle leur révèle Le DEHIMA, sa parole la plus parfaite et la plus puissante, pour les restaurer.
La véritable nouvelle est que par BAGUÊ HGLONHYO, ABA LAGÔ fait la preuve qu'il n'a jamais oublié les Djamatlikis mais les a toujours entourés de son Amour Bienveillant.
La véritable nouvelle, est que par Le DEHIMA, l'humanité à travers les Djamatlikis, a accès, à la véritable miséricorde, à la véritable grâce, à la véritable bénédiction et au véritable salut.
Djamatlikis ! Dehyimagnoan !
Arrêtez par conséquent, de nourrir les complexes, les phobies, que les colons et leurs agents entretiennent en vous. Ayez les cœurs en fête et relevez désormais la tête avec dignité, car il est insensé de se

C : Cantique
L : Lexique

sentir inférieur, lorsqu'on a la plus complète des sagesses entre les mains !

Bêlié, Bêwlin, le fait est que malgré sa perfection et le pouvoir DIVIN auquel il donne accès, l'enseignement de Gnian BAGUÊ HGLONHO, demeure méconnu, aussi bien des Dehyimagnoan que du grand public. Certes, la détermination des patriarches a permis la préservation et la transmission des Djlêmas, aux différentes générations de fidèles, qui se sont succedées, au cours du premier centenaire de la religion. Cependant, la profondeur spirituelle des évangiles, des cantiques, des prières et de la liturgie DEHIMA, est telle, que sa compréhension véritable et son interprétation, impliquent un niveau d'érudition spirituelle, qui a largement fait défaut. L'exploitation superficielle, maldroite et même pervertie, du Djlêma, qui s'en est suivie, a plombé l'évangélisation, par la diffusion du véritable enseignement DEHIMA.

Ainsi, un siècle après sa révélation, Le DEHIMA demeure un mystère aussi bien pour ses fidèles que pour le grand public, notamment l'humanité noire, car un voile épais enveloppe encore son enseignement.

Aussi, même s'ils affichent une foi de plus en plus décomplexée, les Dehimagnoan sont-ils perturbés et embarrassés, parce qu'ils ne peuvent ni répondre aux questions existentielles qu'ils se posent eux-mêmes ni satisfaire à la curiosité des autres. L'écrasante majorité des fidèles DEHIMA est par conséquent liée au Père Créateur, par une foi dogmatique qu'elle ne peut partager. Et pourtant, Gnian BAGUÊ HGLONHYO, a instruit d'apprendre son enseignement pour le connaître, afin de l'appliquer efficacement, car **l'ignorance n'est pas une excuse chez ABA LAGÔ.**

C : Cantique
L : Lexique

La situation est d'autant plus alarmante, que la transmission orale de l'enseignement DEHIMA, en favorise la déformation voire la perversion.

La consécration des intellectuels dans le clergé qui demeure majoritairement analphabète, n'a nullement réglé l'handicap dû à l'absence de supports écrits. Les livres du chercheur français Jean Girard, demeurent, malgré leurs insuffisances, les principales sources d'informations écrites sur l'enseignement DEHIMA. Cet auteur, à qui je rends un vibrant hommage, nous a pourtant laissé, dans son œuvre intitulée « DEIMA, LES EVANGILES SELON LA PROPHETESSE BAGUE HONOYO », publiée en 1974, l'avertissement suivant :
« ...L'église déima rassemble actuellement, 400000 fidèles(...). Placée devant l'épreuve d'un déboisement accéléré, de l'urbanisation brutale, de la concurrence active des religions révélées importées d'occident ou d'orient, **cette chrétienté noire, indépendante affronte un destin incertain sinon compromis sans l'appui de l'intelligenzia africaine.... ».**
Jean Girard a fait le pronostic rationnel de la disparition de la religion DEHIMA sans l'apport qualitatif et productif des intellectuels africains. Pour cet efinda averti de la vie des communautés religieuses, il appartient aux Djamatlikis de développer leur religion, s'ils ne veulent pas la voir disparaitre. En clair, c'est aux Dehimagnoan, de mettre à la disposition de leur religion, les outils lui permettant d'accomplir sa mission salvatrice, en faveur de l'humanité noire.

Bêlié, Bêwlin, comment la religion DEHIMA peut-elle atteindre son but, si elle demeure un mytère pour le commun des mortels ? Comment la religion DEHIMA peut-elle transformer qualitativement l'homme noir, l'homme, s'il ne peut la comprendre, dans la plénitude de sa portée DIVINE ?

C : Cantique
L : Lexique

Comment pouvons-nous apporter les répliques appropriés à nos détracteurs, notamment les religions primitives et coloniales, si nous n'avons pas accès à un enseignement de qualité ?
Comment pouvons-nous mettre fin aux préjugés entretenus sur le DEHIMA si nous ne pouvons leur opposer les réponses appropriées ?
Comment nos enfants de cette ère de la communication, peuvent-ils s'intéresser à la religion de leurs parents que nous sommes, s'ils ne reçoivent pas en héritage des supports fiables, révélant la quintessence de notre enseignement ?
A quoi nous sert-il d'être les dépositaires d'une spiritualité absolument parfaite aussi puissante, si nous n'en comprenons ni la lettre ni l'esprit ?

Bêlié, Bêwlin, Gnian BAGUÊ HGLONHYO a lancé un appel aux siens que nous sommes.
Elle a dit dans ce cantique:
« Popo sikou ho !
Na gnoagnin ho, A yi ho !
Popo sikou, A bédjé, na gnoagnin ho, A yi ho !
ZOZI a téblé yéyi !
Na gnoagnin ho, A yi ho !
A ka popo guégla ! »
(Le monde est en ébullition !
Les miens, venez !
Le monde est en ébullition, je vous demande pardon, les miens, venez !
L'autel de JESUS est descendu.
Les miens, venez pour que nous arrangions le monde !)
BAGUÊ HGLONHYO est venue arranger ce monde décadant par la manifestation véritable Du Christ. BAGUÊ HGLONHYO a par conséquent son mot à dire à cette humanité qui s'éloigne de plus en

C : Cantique
L : Lexique

plus des lois DIVINES. BAGUÊ HGLONHYO a laissé un message de salut à cette humanité trompée, corrompue, malmenée, terrorisée et traumatisée par DEVLO KALAKILO, le diable.
Que dit son enseignement sur les maux qui minent ce monde perverti par le péché ? Quelles nouvelles d'espoir, Le DEHIMA apporte-t-il à cette humanité qui court droit à sa perte ? Quelles sont les réponses Du DEHIMA aux questions existencielles que les hommes se posent, face aux incertitudes qui les environnent de toute part, de nos jours ? Que fait la communauté DEHIMA pour que cette invitation de Gnian BAGUÊ HGLONHYO parvienne au reste de l'humanité noire et partant à toute l'humanité? Dehyimagnon, que fais-tu pour aider Gnian BAGUÊ HGLONHYO à arrranger le monde ?

Dehyimagnoan, c'est pour combler les insatisfactions, les inquiétudes voire les peurs qui suscitent en vous, que dis-je, en nous tous, ces interrogations et bien d'autres encore, que Le « SIKA MAMBA » a été révélé.
« Hé ! Hé ! SIKA MAMBA ho !
Hé ! Hé ! SIKA MAMBA ho ! MAMBA ho !
Han ! Emen ! »
(Voici l'or pur !
Voici l'or pur ! Très pur !
Amen !)

Bêlié, Bêwlin, le savoir est la première richesse de l'univers.
Le savoir est l'héritage à la valeur inestimable de la création.
C'est pourquoi, le savoir se transmet de générations en générations, dans tous les règnes de la création.
Le DEHIMA est le plus parfait savoir revélé Du DIVIN, de ses lois et de ses œuvres.
Le « SIKA MAMBA » est la révélation prophétique la plus complète de l'enseignement DEHIMA.

C : Cantique
L : Lexique

Le « SIKA MAMBA » est par conséquent, l'or pur, la plus grande richesse de la création.
Le « SIKA MAMBA » est le savoir qui affranchit nos âmes de l'ignorance, des préjugés, des suppertitions, des peurs et des limites, que DEVLO et KOUHBLABÔGUÊ(L16) nous imposent.
Le « SIKA MAMBA » est le savoir qui guérit nos esprits du péché.
Le « SIKA MAMBA » est la sagesse qui ordonne nos vies par la révélation des codes DIVINS qui régissent la vie.
Le « SIKA MAMBA » est la clé qui ferme à jamais les portes de l'échec, de la souffrance et de la mort !
Le « SIKA MAMBA » est le chemin, de la vie, de la santé, du mariage, de l'enfantement, de l'intelligence, de la sagesse, de la richesse, de la paix et de la longevité !
Le « SIKA MAMBA » est la clé qui ouvre les portes de la miséricorde, de la grâce, de la bénédiction et du salut.
Le « SIKA MAMBA » étanche notre soif de connaissance, en nous apportant les réponses précises et complètes, aux questions existentielles que nous nous posons depuis des lustres, sur l'enseignement DEHIMA.
Le « SIKA MAMBA » confond tous les détracteurs de la religion DEHIMA, par la seule force du Djlêma, qui est la parole vivante révélée par Gnian BAGUÊ HGLONHYO.
Le « SIKA MAMBA » nous rassure sur l'avenir de la religion DEHIMA, car nos familles, notamment nos enfants, passent d'une foi dogmatique à une foi de connaissance, telle qu'enseignée par Gnian BAGUÊ HGLONHYO.
Le « SIKA MAMBA » nous permet de comprendre la lettre, l'esprit et le DIVIN de l'enseignement DEHIMA.
Le « SIKA MAMBA » est l'accomplissement de l'enseignement prophétique de Gnian BAGUÊ HGLONHYO.

C : Cantique
L : Lexique

« Alabiamin ho ko yiwabé ayo !
Mon la djrêma A hblikou BAGUÊ HGLONHYO ho ko yiwa zékatê !
Refrain : A zou djrêma Ô sa !
Alabiamin ho ko yiwabé ayo !
Kékéké dounama LAGÔ ho ko yiwa zékatê !
A zou djrêma Ô sa yo !
Alabiamin ho !
A zou djrêma Ô sa yo ! »

(Alabiam est arrivé.
C'est toi qui nous as révélé l'enseignement que nous avons accepté, BAGUÊ HGLONHYO, qui est arrivée aujourd'hui.
Respectons l'enseignement qu'il donne.
Alabiam est arrivé.
C'est DIEU qui arrange le village qui est arrivé aujourd'hui.
Respectons l'enseignement qu'il donne !
Respectons l'enseignement qu'Alabiam donne.)

Bêlié, Bêwlin, je suis Alabiam Soyalo, Lézé à la paroisse DEHIMA, Anon ALIBE d'Abobo Centre (Abidjan). Vous trouverez dans ce livre du SIKA MAMBA, l'évangile de Guédi ABIDICE. La parabole, est le fruit de la synthèse des différentes versions, auxquelles j'ai pu avoir accès. Le commentaire quant à lui, a été donné, tel qu'il m'a été révélé par Gnian BAGUÊ HGLONHYO, La Fille Bien-Aimée d'ABA LAGÔ et de GNIANSÔWLOUA GBAMALA DODO, La Terre, par la vertu du Saint Esprit.
La parabole a été divisée en Djlêmas numérotés, pour en faciliter la compréhension et la méditation. Ainsi, la lecture complète de la parabole et du commentaire, permettra d'avoir une compréhension globale de l'évangile.

Nous pourrons par ailleurs nous offrir une méditation approfondie et ciblée, en choisissant les références de la parabole, qui nous

C : Cantique
L : Lexique

intéressent à un moment précis. Selon notre inspiration, nous pourrons par exemple, nous contenter de méditer, le commentaire des Djlêmas 1 à 5 de la parabole de Guédi ABIDICE du SIKA MAMBA. Tout comme, la référence « Guédi ABIDICE, Djlêma 1 du SIKA MAMBA », pourrait être citée ou récitée, pour justifier un argument au cours de nos échanges d'évangélisation ou pour faire face à un besoin spirituel précis.
Il s'agit par ce découpage, de rendre l'exploitation de l'enseignement DEHIMA, plus pratique, à travers « le Djlêma », qui est défini, comme tout enseignement révélé par Gnian BAGUÊ HGLONHYO.

Ce support, est le premier d'une longue série de livres d'évangiles, de prières, de cantiques et de cérémonies, commentés, destinés à révéler au public, la portée spirituelle et DIVINE de la religion DEHIMA. J'espère qu'à terme, la compilation de tous ces supports, permettra, de mettre à la disposition de la communauté DEHIMA, un livre DIVIN, qui l'orientera, dans sa mission de convertir l'humanité notamment l'humanité noire, à la plus complète et la plus puissante de toutes les religions révélées : Le DEHIMA
Cette première édition de l'évangile du Prophète ABIDICE, à l'instar de tous les supports du SIKA MAMBA, pourrait être enrichie d'informations complémentaires, issues de bonnes volontés ou révélées par Le Saint Esprit.
Que la lecture et la mise en pratique de son contenu, nourrissent nos âmes, purifient nos esprits du péché et appellent dans nos vies, les bénédictions dont nous avons besoin.

Anon HGLONHYO a hglin mou E ko sê !
(Au nom de Notre Mère HGLONHYO !)

C : Cantique
L : Lexique

L'ÉVANGILE DU PROPHÈTE ABIDICÉ

1- ABA LAGÔ était là.
2- Il créa les cieux au-dessus des eaux.
3- ABA LAGÔ créa les esprits saints.
4- ABA LAGÔ donna la terre à Guédi ABIDICE.
5- Ce dernier s'éloigna du Père Créateur pour s'établir dans le ciel NFÊGLA qu'il bâtit avec les esprits saints qui l'avaient accompagné.
6- Un jour, ABA LAGÔ envoya vers ABIDICE, son commis.
7- Ce dernier arriva à NFÊGLA, après un long voyage qui dura plusieurs jours.
8- Il trouva le maître des lieux occupé à trier les différents types de terre.
9- Pour chaque terre, ABIDICE extrayait de la terre brute, la terre raffinée qui était utilisée pour les travaux d'extension et d'embellissement de NFÊGLA.
10- Les résidus étaient rangés dans une grande décharge qui était sous la responsabilité de DOBLEDJI, l'un des lieutenants de Guédi ABIDICE.
11- Le commis d'ABA LAGÔ fut d'ailleurs très émerveillé par la beauté de NFÊGLA.
12- ABIDICE accueillit l'émissaire d'ABA LAGÔ avec joie, le reçu avec tous les honneurs dus à son rang, puis s'enquit du motif de sa visite.
13- « ABA LAGÔ m'envoie te demander de lui fournir de la terre. », lui répondit le visiteur.
14- ABIDICE réfléchit un moment,

C : Cantique
L : Lexique

15- puis, rétorqua : « J'aurai bien aimé lui en donner mais je n'en dispose plus assez. Repose-toi le temps que tu voudras pour reprendre des forces, avant de rejoindre BAGANIN. ».

16- ABIDICE se leva pour mettre fin à la conversation et retourna à sa besogne.

17- Le messager rentra bredouille chez ABA LAGÔ.

18- Mais le Père Créateur, le renvoya insister auprès d'ABIDICE qui refusa à nouveau.

19- Lorsque le commis revint la seconde fois sans la terre,

20- ABA LAGÔ lui dit : « J'ai vraiment besoin de cette terre pour réaliser quelque chose de très important. Dis à ABIDICE que je le supplie de m'en donner quelle que soit la qualité et la quantité qu'il a à sa disposition. ».

21- Le messager retourna sans attendre, à nouveau, pour le ciel lointain de NFÊGLA.

22- Le voyage sembla plus long car il était très fatigué.

23- Guédi ABIDICE le reçu fraternellement comme les autres fois, mais lui opposa à nouveau un refus catégorique malgré son insistance et ses supplications.

24- Le commis était triste car il savait qu'ABA LAGÔ serait terriblement déçu de ne pas avoir de terre.

25- Comme il se reposait dans la luxueuse chambre où il était logé, une idée lui vint.

26- Il se rendit à la décharge de la carrière d'ABIDICE et y accéda avec la permission de DOBLEDJI.

27- Il y prit des résidus de terre noire, de terre blanche et de terre rouge qu'il trouva.

28- Dès le lendemain, le commis prit congé de son hôte

29- et retourna à GBAKALEDOU où il rapporta les résidus de terre à ABA LAGÔ.

30- Très heureux, le Père Créateur se retira dans le ciel DJIGBOGBASSA, où se trouvent les laboratoires et les ateliers de la création puis se mit aussitôt au travail.

31- Il tira une portion infime de terre raffinée des résidus de terre

C : Cantique

L : Lexique

noire.

32- Puis avec tout le reste, il se mit à façonner les différents prototypes de matières, de végétaux, d'animaux et d'hommes qui animeraient le nouvel univers qu'il se préparait à créer.

33- Les créatures avaient des imperfections malgré leur beauté parce qu'elles étaient issues des résidus de terre et non de la terre raffinée qu'ABIDICE garde jalousement à NFÊGLA.

34- ABA LAGÔ utilisa une portion atomique de terre noire raffinée pour créer le prototype du seul homme physiquement parfait : TIMA SAPLÔ.

35- Lorsqu'il eut fini, ABA LAGÔ invita tous les esprits saints à venir Contempler ses œuvres.

36- Tous furent émerveillés par les nouvelles créatures d'ABA LAGÔ.

37- Des esprits saints venus de NFÊGLA étaient en visite à LAGODOU.

38- Ils avaient également assisté à l'exposition des prototypes d'ABA LAGÔ.

39- Ils retournèrent furieux à NFÊGLA et accusèrent ABIDICE d'avoir donné la terre à ABA LAGÔ, sans les avoir préalablement consultés.

40- « Je n'ai jamais donné de terre à ABA LAGÔ ! », se défendit vigoureusement ABIDICE.

41- C'est alors que DOBLEGJI avoua qu'il avait permis au messager d'ABA LAGÔ de visiter la décharge.

42- ABIDICE, mécontent de lui, entra dans une colère noire et décida de se rendre à GBAKALEDOU pour en avoir le cœur net.

43- Il se revêtit des attributs DIVINS dont ABA LAGÔ l'avait dotés, et se rendit à LAGODOU à la tête d'une forte et impressionnante délégation, chantant et dansant à sa gloire.

44- ABIDICE contempla les prototypes d'ABA LAGÔ

45- puis demanda où il s'était procuré la terre avec laquelle, il les avait créés.

46- Le Père Créateur, fit appeler son commis qui expliqua avoir

C : Cantique

L : Lexique

trouvé les résidus de terre dans la décharge de la carrière d'ABIDICE.

47- « Quoi qu'il en soit, cette terre m'appartient car elle vient de NFÊGLA.

ABA LAGÔ tu vas devoir la payer au prix fort, si tu veux la garder ! », déclara ABIDICE.

48- « Je ne veux pas la garder car elle t'appartient selon ma volonté.

49- Je souhaite juste que tu permettes qu'elle soit le support de la vie dans le nouvel univers que je veux créer.

50- Cela en fera de toi, le copropriétaire qui veillera à ce que toutes les créatures y vivent dans le respect de nos lois en augmentant ta terre.

51- Tu partageras avec moi le droit de vie et de mort sur chacune d'elle.

52- Et ta terre te sera restituée bonifiée chaque fois que la mort la rattrapera.

53- Bien entendu, je reprendrai l'âme qui me revient de droit.», lui proposa ABA LAGÔ.

54- ABIDICE accepta l'offre du Père Créateur.

55- C'est alors qu'ABA LAGÔ créa les cieux terrestres puis, GNIANSÔWLOUA GBAMLA DODO, La Planète Terre, qui, au nom de Guédi ABIDICE, administre avec lui, la vie terrestre des créatures à elle confié.

Gnian BAGUÊ HGLONHYO A Hglin mou E ko sê !

C : Cantique

L : Lexique

LE COMMENTAIRE DE LÉZÉ ALABIAM SOYALO

Bêlié, Bêwlin, ABA LAGÔ a gnoupalé hgéni agnin ko, Gnian BAGUÊ HGLONHYO a hglinmou Ekousê !
(Frères et soeurs, que DIEU vous bénisse au nom de BAGUÊ HGLONHYO)

Le Glëgbéa Wéli(L17), la parabole, est le langage d'ABA LAGÔ. C'est pourquoi tous ceux qui manifestent Le Père Créateur par Le Christ qui est Son Fils, l'utilisent pour enseigner sa parole. ZOZI (L18), Son Premier Fils l'utilisa pour révéler l'Amour DIVIN en Israel.
Gnian BAGUÊ HGLONHYO, Sa Fille, parla également le Glëgbéa Wéli aux Djamatlikis pour leur révéler les mystères DIVINS. La parabole est le langage de l'évangile. C'est pourquoi, elle ne peut être comprise que par la vertu Du Saint Esprit.

Bêlié, Bêwlin, ABIDICE peut se traduire par : « Frère, il faut trancher ! ». Guédi (L19)ABIDICE est un esprit DIVIN qui révéla à Gnian BAGUÊ HGLONHYO l'origine de la vie terrestre. Sa parabole est un code dont la compréhension ouvre tout esprit sur la pratique spirituelle véritable qui garantit à tout croyant l'accès aux bénédictions terrestres et le retour triomphal Au Père Créateur après la vie.
Que le cœur de Gnian BAGUÊ HGLONHYO, se substitue au nôtre, afin que par la vertu du Saint Esprit, nous puissions extraire de la mine spirituelle, qui est l'évangile de Guédi ABIDICE, les minerais de vie,

C : Cantique
L : Lexique

qui nourriront le cœur de l'humanité, dans le bien.
E gnoupalé hgéni agnin kou, Anon HGLONHYO A hglin mou E kou sê !
(Que nous en soyons bénis dans le nom de BAGUÊ HGLONHYO !)

Bêlié, Bêwlin, dans le commentaire de la parabole de DEVLO KALAKILO, nous avons révélé que le bien et le mal s'équilibraient dans le néant. Nous avons également révélé, qu'une guerre effroyable éclata entre eux, lorsque le bien refusa de se plier à la domination, que le mal voulut lui imposer. Nous avons ajouté que c'est la guerre du mal contre le bien qui engendra le souffle, les feux, les eaux et les terres. Dans le commentaire de la même parabole, nous avons révélé que le bien, sur le point de perdre la guerre, dut évoluer en s'ordonnant parfaitement en l'être DIVIN, qui est ABA LAGÔ pour vaincre le mal. ABA LAGÔ est par conséquent le premier être à exister. C'est pourquoi le Djlêma 1 de la parabole du Prophète ABIDICE, dit qu'il était là.
Gnian BAGUÊ HGLONHYO, marque ici le caractère monothéiste de la religion DEHIMA. **Contrairement à ce que racontent les ignorants, la religion DEHIMA est une religion purement monothéiste, qui enseigne la foi en un Père Créateur, ABA LAGÔ par qui tout commença et en qui tout s'accomplira certainement.**

Bêlié, Bêwlin, lorsqu'ABA LAGÔ a soumis le mal, le néant fut envahi par le chaos. Le souffle tourbillonnait dans tous les sens, tandis que les feux jaillissaient sporadiquement, fendant le néant de part en part. Les eaux furieuses s'agitaient sans cesse et les terres s'étaient répandus partout. Le mal profitait du chaos, pour roder autour d'ABA LAGÔ, qu'il tentait de surprendre car il était déterminé à reprendre le dessus sur le bien par tous les moyens.
Aussi, pour éloigner le mal de lui, ABA LAGÔ créa-t-il les cieux, en répandant sa lumière autour de lui de façon harmonieuse. ABA LAGÔ traça les différentes directions du souffle. Il maitrisa les

C : Cantique
L : Lexique

feux en leur donnant un rythme. **Il calma les eaux furieuses, qu'il rejeta au fond du néant**. Le Djlêma 2 de la parabole nous dit par conséquent qu'ABA LAGÔ créa les cieux au-dessus des eaux.

Le Djlêma 3 nous révèle qu'ABA LAGÔ engendra les esprits. En effet, les terres restaient encore des débris de matières dispersés, aussi bien dans les cieux qu'aux alentours où le mal continuait de roder. **Aussi, pour soumettre définitivement le mal et l'éloigner encore plus loin, ABA LAGÔ se multiplia-t-il, dans les cieux lumineux en engendrant les esprits saints**. Ces derniers sont destinés à devenir des êtres DIVINS, semblables à lui, lorsque l'Amour DIVIN aura atteint la pleine maturité en eux. Ils seront alors appelés « Christs, Fils du DIVIN ». Pour se faire, les esprits saints devaient se dévouer pleinement à ABA LAGÔ, en ne vivant que selon sa volonté, qui est le bien pour maintenir le mal loin des cieux.

Dans le Djlêma 4, nous découvrons qu'ABA LAGÔ a fait don de la terre à Guédi ABIDICE, l'un des nombreux esprits saints, dévoués à son service.

Nous savons que l'amour d'ABA LAGÔ pour ses créatures repose sur la justice. C'est par conséquent, par le mérite qu'il donne à chacun, la bénédiction qui lui revient. Guédi ABIDICE observa que les débris répandus dans les cieux, en atténuaient la beauté. Il décida par conséquent de les ramasser, avec l'aide d'autres esprits saints qu'il organisa. Lorsqu'il eut fini, ABA LAGÔ vit que les cieux étaient encore plus beaux, de sorte qu'il était plus difficile pour le mal de s'en approcher. ABA LAGÔ en fut heureux. Aussi, Le Père Créateur bénit-il, ABIDICE en lui faisant don de la terre qu'il avait amassée.

C'est l'intérêt qu'ABIDICE manifesta pour la terre dans le bien, qui en fit le propriétaire. C'est pourquoi la bénédiction est pour les vrais croyants une récompense DIVINE, qu'ils doivent conquérir par la volonté, qu'ils en manifestent dans le bien. C'est cette volonté qu'ils

C : Cantique
L : Lexique

expriment dans les prières et les bonnes œuvres. Celui qui veut une bénédiction du Père doit en manifester l'intérêt par sa prière et ses bonnes œuvres.

Le Djlêma 5 révèle qu'ABIDICE s'éloigna du Père Créateur.
En vérité, l'esprit dépositaire de la terre, se rend à la frontière des cieux et des ténèbres. Et dans le bien, il construit un nouveau ciel avec la terre, repoussant le mal encore plus loin. C'est NFÊGLA(L20), le ciel de terre, habité par les esprits saints. ABA LAGÔ vit qu'ABIDICE avait encore fait du bien. Aussi, Le Père Créateur le bénit-il à nouveau en lui donnant une autorité absolue sur tout le ciel. Désormais Guédi ABIDICE exerce à NFÊGLA, la même autorité qu'ABA LAGÔ exerce sur les cieux de lumière. ABIDICE ne représente pas ABA LAGÔ à NFÊGLA. ABIDICE est ABA LAGÔ à NFÊGLA.
ABIDICE consacra toute l'autorité dont il était désormais investi à poursuivre l'œuvre qu'il avait commencée : Bâtir NFÊGLA
Bêlié, Bêwlin comme pour la terre avec ABIDICE, ABA LAGÔ nous a fait don de la vie. Il nous appartient d'en faire le meilleur usage possible en faveur du bien. Chaque créature a l'obligation de faire de sa vie, une belle œuvre à la gloire d'ABA LAGÔ**. Chacun de nous doit faire de sa vie, la plus grande œuvre au service du bien. Pour réussir cette œuvre capitale, nous devons à un moment donné, pratiquer l'exile spirituel.**
Oui! Dehyimagnon, à un moment donné, tu dois t'éloigner spirituellement, de tes amis, de ton père, de ta mère, de tes frères, de tes enfants et même de ton épouse, si tu veux vraiment réussir ta vie. Tu dois t'exiler si tu tiens à réussir!
Il ne s'agit pas ici de changer de lieu ou de couper les ponts avec tout le monde, en s'enfermant hermétiquement dans une chambre.
L'exile spirituel, consiste tout simplement, à entreprendre dans la discrétion et le silence.

C : Cantique
L : Lexique

Mon frère, il faut apprendre à fermer ta bouche, sur ce que tu es entrain d'entreprendre en ce moment!
Ma soeur, il faut apprendre à fermer ta bouche sur les projets importants de ta vie!
Tais-toi!
Tais-toi!
Tais-toi!
Travaille, et laisse les autres constater que ta vie s'embellit!
Laisse les autres découvrir les bons résultats de ton œuvre!
Entreprendre dans le silence maximise ta concentration. Ce qui te permet d'utiliser tes ressources au mieux.
Entreprendre dans la discrétion maintient tes ennemis dans l'ignorance de tes plans. Ce qui augmente tes chances de réussite, car tes obstacles s'en trouvent réduits.
Malheureusement, certaines personnes sont des rizières sans palissade. Tout le monde sait tout de leur vie. Et elles sont surprises de voir tous leurs projets échouer.
Tu les entendras confiantes, dire au début :" ABA LAGÔ est au contrôle! Je suis en train de faire ceci ! J'ai commencé tel projet !».
Puis, déçues, les mêmes te diront quelques temps après : "Quand je commence quelque chose, ça ne marche pas!".
Finalement, elles te chanteront le refrain de tous les désespérés :
" Tout ce qu'ABA LAGÔ fait est bon!"
Insensé!
D'abord, ABA LAGÔ n'est au contrôle, que de la vie des personnes responsables et prudentes. ABA LAGÔ interviendra dans ta vie, lorsqu'ayant agit au mieux dans ses Djlêmas, tu t'en trouves limiter. Il ne viendra jamais au secours d'un suicidaire, qui se tient volontairement à la merci de ses ennemis.
Ensuite, comment veux-tu que les grains que tu as semés deviennent des plants productifs, si tu ne les protèges pas avec une solide

C : Cantique
L : Lexique

palissade? Ta vie est à la merci de tes ennemis, comme une rizière sans palissade l'est de tous les animaux, qui l'environnent! Par ton manque de discrétion, ton bavardage incontrôlé, tu livres sans t'en rendre compte, la clé de ton coffre-fort à tes ennemis.
Oui, tu répondras :"Mais je n'en ai parlé qu'à mon époux, mon père, ma mère, ma sœur, mon frère, mon meilleur ami... et je leur ai dit de n'en parler à personne!".
Mais cher ami, sais-tu au moins que ton ennemi n'a pas de visage? Les ennemis sur lesquels tu as mis un visage, sont en réalité, ceux que tu as déjà vaincus! Le véritable ennemi, ne se fera jamais connaître de toi. Tapi dans le Sabo Tchoutchou(L21), il agit pour t'empêcher de réussir ta vie. Il agit pour te nuire gravement. Il agit pour te tuer spirituellement et même physiquement !
Il sait qu'il est en guerre contre toi.
Il sait que pour l'emporter, il doit être hypocrite.
Il sait que pour te porter le coup fatal, il doit te surprendre.
Ton père peut être ton pire ennemi!
Ta mère peut être ton pire ennemi!
Ton frère peut être ton pire ennemi!
Ta sœur adorée peut être ton pire ennemi!
Ton meilleur ami peut être en réalité ton pire ennemi!
Même ta femme ou ton mari peuvent être tes pires ennemis!
Ton pire ennemi se trouve toujours dans ton entourage immédiat!
Ton pire ennemi mange avec toi mais te souhaite la famine.
Ton pire ennemi rit avec toi mais te souhaite la tristesse.
Ton pire ennemi partage tes moments heureux mais t'en souhaite les pires.
Ton pire ennemi ne veut pas te voir réussir !
Ton pire ennemi veut que ta vie soit une succession d'échecs et de souffrances.
Ton pire ennemi veut que tu meures, dans la souffrance la plus

C : Cantique
L : Lexique

insoutenable!
Ton pire ennemi, c'est le diable, qui manipule les maillons spirituellement faibles de ton entourage, pour te nuire.
Ton pire ennemi est l'agent du diable, infiltré dans ton entourage immédiat. Comme DJOUDA(L22) avec ZOZI, il attend le moment favorable pour te donner la baiser de la mort.
Nous ne te disons pas cela, pour que tu mènes une vie de suspicion à l'égard de ton entourage, notamment de ta famille et tes amis. Nous te disons cela, pour que tu comprennes, qu'il te faut être prudent dans le partage de tes secrets.
Ne sois pas une rizière sans palissade, si tu ne veux pas être à la merci de tes ennemis. Ne soit pas une maison sans porte, si tu ne veux pas que l'échec s'y invite à chacune de tes initiatives.
Il faut ériger par ton silence et ta discrétion sur les projets importants de ta vie, la muraille qui les protègera de tes ennemis. ABIDICE s'est éloigné du Père Créateur et a bâti NFÊGLA, avec les esprits saints qui l'ont accompagné dans son exile. Il a travaillé avec les esprits saints qui étaient directement impliqué dans son projet. Alors, ne parle de tes projets qu'avec les personnes qui y sont directement impliquées et laisse aux autres le soin de découvrir leurs accomplissements!

Dehyimagnon, mon frère!
Dehyimahglon, ma soeur!
Ceci est une clé spirituelle capitale qu'il faut impérativement appliquer, pour réussir tes projets et partant ta vie!
Si tu veux faire de ta vie une œuvre aussi belle que NFÊGLA, commence par t'y exiler spirituellement, en gardant le silence sur les projets que tu y accompliras, laissant ton entourage s'émerveiller de leur succès!

Les Djlêmas 7-10, nous disent que Guédi ABIDICE raffinait sans cesse la terre pour embellir et agrandir NFÊGLA, afin de repousser le mal le

C : Cantique
L : Lexique

plus loin possible des cieux.
Ces Djlêmas nous révèlent une autre clé spirituelle très importante:
La bonification des bénédictions et des grâces DIVINES.
Bêlié, Bêwlin, ABA LAGÔ vous fera don de ce que vous lui demandez soit par le mérite, dans ce cas on parlera de bénédiction, soit par miséricorde, on parlera alors de grâce.
Quoi qu'il en soit, ce sera votre responsabilité de le raffiner pour en faire une richesse. Il vous appartient par vôtre travail de donner de la valeur au don que vous avez reçu du Père Créateur. Et c'est à ce niveau que beaucoup de croyants pèchent par ignorance. Ils se contentent de jouir de la bénédiction ou de la grâce sans la bonifier au préalable. Et pourtant, celui qui passe son temps à profiter d'une bénédiction sans la bonifier, en perdra l'intérêt et finira par l'ajouter à la longue liste des éléments morts, qui meublent sa vie monotone, dans laquelle tous les jours se ressemblent.
Sachons que les bénédictions d'ABA LAGÔ, sont des diamants bruts que nous avons l'obligation de polir, pour en faire les beaux bijoux précieux, que nous porterons fièrement. Nous recevons Du Père Créateur, des noix qui cachent des amendes riches que nous avons l'obligation d'extraire, pour en faire un usage plus productif. Les bénédictions DIVINES sont de l'or brut, que nous devons valoriser par le feu de nos efforts incessants.
Cela implique pour chacun, d'assumer pleinement les responsabilités qui découlent de la bénédiction qu'il a reçue. Cela implique pour chacun, un travail assidu, un effort constant, qui transformera la bénédiction en un talent productif et rentable, à la solde du bien qui est l'Amour DIVIN. Cela implique surtout pour chacun, de meubler sa vie de projets, qui en amélioreront la qualité, tant au plan individuel que collectif.
Dehyimagnon, tu ne profiteras réellement de ton corps, que lorsque tu veilleras à ce qu'il reste en bonne santé.
C : Cantique
L : Lexique

Dehyimagnon, tu ne profiteras réellement de ton mariage, que lorsque tu travailleras à rendre ton conjoint heureux, en remplissant correctement les obligations qui t'incombent.
Dehyimagnon, tu ne profiteras véritablement de tes enfants, que lorsque tu mettras tout en œuvre pour les nourrir, les vêtir, les soigner, les éduquer et les instruire convenablement.
Dehyimagnon, tu ne profiteras véritablement de ton travail, que lorsque tu t'en perfectionneras, au point d'en faire un art que tu es l'un des rares professionnels à maitriser.
Dehyimagnon, tu ne profiteras réellement de ta maison, que lorsque tu t'emploieras à la maintenir toujours propre, à l'équiper, et à la décorer convenablement.
Tu ne dois pas te contenter d'avoir un corps! Tu dois en faire un talent en le nourrissant, l'entretenant par la propreté, le sport et des soins convenables ainsi qu'en te vêtant qualitativement.
Tu ne dois pas seulement être un époux ou une épouse! Tu dois être un époux talentueux ou une épouse talentueuse qui multiplie les initiatives pour améliorer la qualité de vie du couple.
Tu ne dois pas seulement être un parent! Tu dois être un parent talentueux qui donne a sa famille au-delà du bien-être qu'elle mérite.
Tu ne dois pas seulement être un travailleur! Tu dois être un travailleur talentueux qui produit pour son entreprise au-delà des objectifs quantitatifs et qualitatifs, qui lui sont assignés.
Tu ne dois pas te contenter d'avoir un logement ! Tu dois en faire ton paradis par une décoration et un équipement convenable.
Vivre signifie pour le croyant, donner de la valeur, à tout ce qu'il est et à tout ce qu'il a.
ABA LAGÔ t'a fait don de la vie. C'est ta responsabilité de la bonifier en étant meilleur dans ses différents compartiments. C'est ta responsabilité de la valoriser en la meublant de projets.
C'est la seule façon pour toi de le convaincre que tu mérites de vivre
C : Cantique
L : Lexique

dans ses grâces et ses bénédictions! C'est la seule façon pour toi de le convaincre que tu mérites qu'il te bénisse davantage.
Remarque bien que Guédi ABIDICE reçut le droit de propriété sur la terre parce qu'il en manifesta l'intérêt. Ensuite il reçut la pleine autorité sur NFÊGLA qu'il bâtit en ajoutant de la valeur à la terre.
ABIDICE gagna en richesse et en pouvoir, en bonifiant la terre qu'il a reçu d'ABA LAGÔ. Guédi ABIDICE se hissa au niveau du Père Créateur en se bonifiant sans cesse.
C'est une loi spirituelle de donner davantage à celui qui valorise le peu qu'il reçoit et de retirer à celui qui n'en manifeste aucun intérêt, le tout qu'il possède!
Dehyimagnon, si tu veux qu'ABA LAGÔ te donne davantage, bonifie ce qu'il t'a déjà donné.
Ta vie est le ciel Terrestre que tu as bâti. Est-elle aussi belle que NFÊGLA?
Si c'est le cas, rend-la encore plus belle et tu en seras davantage béni.
Quant à toi qui sais que ta vie n'est pas aussi belle que tu l'aurais voulu, nous avons de véritables nouvelles pour toi.
La première est de cesser de te trouver de fausses excuses. Les personnes et les circonstances que tu accuses ne sont pas les véritables responsables du chaos qui règnent dans ta vie.
Une personne peut te faire du mal. Mais c'est à toi, et toi seul, qu'ABA LAGÔ a donné le pouvoir de décider des dégâts que ce mal fera à ta vie dans son ensemble.
Les circonstances peuvent être parfois défavorables voire pénibles.
Mais c'est à toi seul qu'ABA LAGÔ a donné le pouvoir de t'en contenter ou de les surmonter.
Ce sont tes choix qui ont fait de ta vie, ce qu'elle est en ce moment.
Tu es le seul responsable de la vie sans vie que tu mènes actuellement!
La deuxième véritable nouvelle est de cesser les pleurs et les

C : Cantique
L : Lexique

lamentations car ils ne changeront rien à ce que tu vis en ce moment. Les pleurs ont pour seul but de soulager ton âme lorsqu'elle est en peine, pour éviter des dérèglements à ton corps. Alors, il ne faut pas te retenir de pleurer. Mais une fois que ton cœur s'est apaisé, il faut essuyer les larmes pour avancer.

Te lamenter en ressassant ta peine, ne fera que perpétuer le mal qui t'a été fait et amplifier ses conséquences dans ta vie.

Quelle que soit la gravité du malheur qui te frappe, accepte d'aller de l'avant pour ne pas qu'il détruise toute ta vie.

La troisième véritable nouvelle, est d'arrêter de te condamner en te traitant de loser, d'incapable, d'incompétent, de maudit et de tous les mauvais noms qui existent dans ta langue. Cela ne fait de toi ni une personne honnête ni une personne sage, encore moins une personne digne. Cela fait de toi une personne insensée, qui décide de se suicider parce qu'elle estime que la peine qu'on lui a infligée au procès est insignifiante. Tant qu'il est encore en vie, l'autoflagelation psychologique est la pire des sanctions idiotes, qu'un humain puisse s'infliger. A quoi cela sert-il de se maudire sans cesse pendant qu'on a déjà été sanctionné par ABA LAGÔ?

Tu as fait de mauvais choix de vie et tu en paies le prix. Cela signifie que le tribunal cosmique à déjà tranché en ta défaveur. ABA LAGÔ et GBAMLA DODO, La Terre, ont statué sur ton cas. Ils t'ont pesé et mesuré, avant de t'infliger le juste châtiment que tu vis. De sorte que tu as perdu la bénédiction que tu avais. Au lieu de t'en vouloir toute ta vie, pour cette faute pour laquelle tu as déjà été châtié, pourquoi ne pas tout simplement te remettre en cause, pour te débarrasser une bonne fois pour toute de ce péché? Ce n'est pas intelligent de s'en vouloir toute sa vie, pour une faute pour laquelle on subit les conséquences néfastes. Cela n'effacera ni le péché ni les malédictions qu'il a attirées dans ta vie. La seule chose à faire lorsqu'on a perdu une bénédiction aussi grande soit-elle, est de se remettre en cause,

C : Cantique
L : Lexique

de confesser le péché, qui en est la source et de persévérer désormais sur le chemin du bien. C'est ainsi que tu ressusciteras de la mort qui t'a frappé.
Arrête de t'apitoyer sur ton sort, en te satisfaisant de la compassion des autres. Ce n'est pas intelligent ! La compassion des autres te soulagera mais ne changera rien à ta vie. Ta vie ne changera que parce que tu auras décidé de la changer.
Alors sois intelligent! Arrête d'en rajouter à la juste peine à laquelle le tribunal cosmique t'a condamné en t'autoflagelant psychologiquement.
Arrête de te faire du mal et fais-toi du bien !
Confesse-toi et reprend le chemin de la manifestation de l'Amour DIVIN, au lieu de te condamner.
La quatrième véritable nouvelle que nous avons pour toi, est que rien n'est perdu. Quel que soit ton âge ou l'état de destruction supposée de ta vie, tout est encore possible. Le meilleur est encore possible. Oui! Le meilleur est encore devant toi.
ABA LAGÔ qui a permis que ce difficile châtiment vienne à toi, est miséricordieux. Il permettra qu'une bénédiction plus grande vienne à toi, si tu fais désormais les bons choix de vie.
Il te suffit de décider que les choses changent et elles changeront certainement!
Il te suffit de te lever et ta vie se lèvera avec toi!
Il te suffit d'accepter de te battre pour le bien et tout l'existant se battra avec toi!
Il te suffit de faire des choses nouvelles dans le bien et ta vie se renouvellera dans le bien!
Il te suffit de faire le choix de mériter la vie heureuse dont tu as toujours rêvé et cette vie heureuse viendra à toi!
Il te suffit d'accepter d'assumer les responsabilités et les sacrifices qui, dans le bien accompagnent la vie dont tu rêves et cette vie sera

C : Cantique
L : Lexique

ta vérité!
Il te suffit de vivre dans le bien et le bien viendra à toi en se bonifiant sans cesse!
Manifeste Au DIVIN ton amour sincère et Le DIVIN te comblera au-delà de tes espérances !
Sois désormais la meilleure version de toi dans le bien et tu entreras dans la meilleure version de ta vie!

Dehyimagnon, arrêtes de justifier ta paresse, ta peur et ton incompétence!
Dehyimagnon, arrête de pleurer et de te lamenter!
Dehyimagnon arrête de t'autoflageler!
Dehyimagnon lève la tête!
Dehyimagnon, contemple la vie merveilleuse que tu es sur le point d'accomplir dans le bien, par ta confession sincère et tes projets !
Dehyimagnon, lève-toi!
Dehyimagnon, vas à la conquête des trésors cachés de ta vie!
Dehyimagnon, fais de ta vie le plus beau des cieux terrestres!
Dehyimagnon, sois tout simplement heureux!
Pourquoi ? Parce que c'est ta responsabilité!
Comment? Tu le sais! Mais si tu en doutes demande au Père Créateur de t'orienter par la prière!
Tu veux savoir quand? Aujourd'hui! Mieux, dès la fin de ta méditation ; encore mieux, passe à l'action dès maintenant!

Les Djlêmas 6-29, nous montrent tout le mal qu'ABA LAGÔ a eu afin d'obtenir la terre dont il avait besoin pour créer la vie terrestre.
Le messager parcourt six fois la longue distance qui sépare BAGALEDOU (23), la capitale du ciel BAGANIN(24), de NFÊGLA parce qu'ABIDICE refuse de donner la terre à ABA LAGÔ, malgré son insistance. Finalement, le commis d'ABA LAGÔ est obligé de se servir dans la décharge d'ABIDICE, pour rapporter la terre au Père Créateur.

C : Cantique
L : Lexique

Bêlié, Bêwlin, il est plus que nécessaire de répondre à la question qui vous préoccupe avant de poursuivre notre méditation de l'évangile : **Pourquoi Guédi ABIDICE refuse-t-il de donner la terre à ABA LAGÔ alors que visiblement ce dernier en a vraiment besoin pour réaliser un projet très important comme il le révèle au commis dans le Djlêma 20**?

Bêlié, Bêwlin à écouter la parabole, tout se passe comme si Guédi ABIDICE ignorait la raison pour laquelle Le Père Créateur demandait la terre mais refusait de la lui donner par méchanceté ou par défiance. En réalité, c'est l'émissaire d'ABA LAGÔ qui ignore le but véritable de sa mission. ABA LAGÔ et Guédi ABIDICE savent parfaitement de quoi ils parlent. Pour le comprendre, il faut se référer à la parabole du Prophète WAZOKUE(L25). Ce dernier nous révèle que lorsqu'ABA LAGÔ voulut confier une partie de ses enfants à GBAMLA DODO, La Terre, il l'appela et lui parla au mieux. Celle-ci fit alors remarquer : « Tes enfants ne sont pas bien. Ils sont mauvais. Je ne puis les recevoir». La Terre dont il est ici question n'est personne d'autre que Guédi ABIDICE qui avait ainsi déjà marqué son refus à ABA LAGÔ dans un échange direct sur la question.
D'autres questions méritent également des réponses précises :
Qui sont ces enfants d'ABA LAGÔ que La Terre refuse de recevoir ?
Comment ABA LAGÔ qui est le bien absolu peut-il avoir des enfants qui sont si méchants que La Terre refuse de les recevoir?
Bélié, Bêwlin, ABA LAGÔ est bon parce qu'il est généreux en grâces et en bénédictions.
ABA LAGÔ est juste parce qu'il donne selon le mérite.
ABA LAGÔ est surtout miséricordieux car il pardonne toujours à celui qui confesse sincèrement le mal qu'il fait.
L'évangile de DEVLO KALAKILO nous révèle que vaincus, ce dernier et les esprits maléfiques, ont été mis en quarantaine dans les prisons

C : Cantique
L : Lexique

célestes, où ils vivaient dans les pires souffrances, en fonction du degré de mal qui était en chacun d'eux. **Pendant que le châtiment qu'ils subissaient endurcissait DEVLO et ses plus proches lieutenants, accroissant leur haine pour Le Père Créateur, la grande majorité des esprits maléfiques commença à implorer sa miséricorde, reconnaissant le mal qu'elle avait fait. ABA LAGÔ prit pitié des ces esprits repentants**. Cependant, il ne pouvait leur permettre de regagner les cieux lumineux tant que le mal dominât en eux. ABA LAGÔ chercha pendant longtemps le moyen par lequel les esprits repentants guériraient du mal. C'est à NFÊGLA qu'ABA LAGÔ trouva la solution. Le Père Créateur remarqua en effet qu'ABIDICE avait modelé la terre en lui donnant diverses formes sans vie pour bâtir son ciel. **C'est ainsi qu'il proposa à Guédi ABIDICE de lui donner la terre afin qu'il l'utilisât comme le support de la vie qui permettrait aux esprits maléfiques repentants de se purifier du mal qui est en eux, pour retourner à LAGODOU (L26).**
Les esprits fertiles auront compris le but véritable de vie terrestre, qui n'avait à l'origine aucun intérêt, tant que le mal n'était pas entré dans les cieux, pour corrompre les esprits saints.
Sachons que deux types de créatures sont envoyés par ABA LAGÔ pour peupler La Terre : Les esprits maléfiques repentants et les esprits saints.
Nous sommes en grande majorité des esprits maléfiques repentants. Oui! Vous avez bien entendu ! La quasi-totalité des créatures terrestres notamment les humains, qui peuplent La Terre sont en réalité des esprits maléfiques repentants venus se purifier du mal qui est en eux. Ils sont assistés dans leur mission par quelques esprits saints venus les aider sur le chemin du bien. Les esprits saints ne peuvent prendre plaisir au péché contrairement aux esprits maléfiques qui sont des pécheurs par nature parce que depuis le ciel, ils ont été corrompus par DEVLO KALAKILO, dans sa rébellion contre

C : Cantique
L : Lexique

Le Père Créateur. Ce n'est pas la vie terrestre qui rend les créatures bonnes ou méchantes. Chacune descend avec la nature correspondant au choix qu'elle a fait depuis le ciel de suivre DEVLO ou ABA LAGÔ.

Cette révélation troublera beaucoup mais c'est la stricte vérité. Il est en effet difficile pour la plupart des humains d'accepter qu'ils ont participé à la grande guerre contre ABA LAGÔ aux côtés de DEVLO KALAKILO, le diable. Et pourtant si le péché vit en chacun de nous, c'est bien parce que les esprits saints que nous étions à l'origine ont été corrompus par le mal. ABA LAGÔ n'a semé le mal en personne. Chacun de nous l'a semé en lui depuis les cieux en se laissant corrompre par DEVLO KALAKILO.

Le mal se manifeste en nous, souvent contre notre volonté dès que nous prenons conscience de la vie. Le mal est la seule chose que personne n'apprend à faire. Il est là, tapi au plus profond de chacun de nous, notamment dans son esprit, prompt à se manifester à la moindre occasion. Et c'est pour nous en purifier qu'ABA LAGÔ nous a fait don de la vie terrestre.

Ceci n'est pas vrai ou faux parce que vous y croyez ou pas. Ceci est vrai parce que des créatures d'ABA LAGÔ qui est le bien absolu, manifestent naturellement le besoin de faire le mal comme DEVLO KALAKILO.

Et si vous doutez encore, posez-vous les bonnes questions ?

Pourquoi êtes-vous sur cette Terre à mener cette vie de tenation tandis que d'autres esprits saints partagent le repos éternel dans les cieux DIVINS avec ABA LAGÔ ?

Quel mérite ont les esprits des cieux à vivre constamment dans la présence du Père Créateur contrairement à nous qui sommes ici bas, constamment soumis à la domination maléfique de DEVLO ?

Le principe de la vie terrestre était simple : ABA LAGÔ voulait créer un nouveau ciel semblable à NFÊGLA, dans lequel les esprits

C : Cantique

L : Lexique

repentants vivraient en s'incarnant dans des corps de terre, afin guérir du mal qui est en eux, par la manifestation constante du bien, qui est l'Amour DIVIN. Ceux qui réussiraient retourneraient à LAGODOU tandis que ceux qui s'endurciraient davantage dans le mal, regagneraient les prisons célestes d'où ils avaient été libérés.
Sachez donc par conséquent que, quelles soient vos possessions et vos pouvoirs, vous êtes sur cette terre pour un but : Guérir votre esprit du mal que DEVLO KALAKILO y a semé depuis les cieux pour regagner Le DIVIN dans les cieux lumineux en qualité d'esprits saints.

Bêlié, Bêwlin, l'évangile de Guédi WAZÔKUE, nous révèle qu'à l'origine, ABA LAGÔ proposa à Guédi ABIDICE, de sauver les esprits maléfiques repentants, en leur faisant don de la vie terrestre mais ce dernier refusa catégoriquement. Pour lui, les esprits maléfiques ne pouvaient guérir du mal. Il n'était par conséquent pas question qu'il leur donnât la possibilité d'utiliser la terre qu'il avait accumulée dans le bien pour répandre davantage le mal dans la création. ABA LAGÔ ne pouvait ordonner à ABIDICE de lui remettre la terre pour la simple raison qu'il l'en avait établi comme le propriétaire absolu. D'ailleurs que lui aurait-il servit de faire du bien aux esprits repentants en semant le mal dans l'esprit de Guédi ABIDICE ?
ABA LAGÔ retourna à LAGODOU, en espérant qu'ABIDICE reviendrait sur sa décision. Décidé à sauver les esprits repentant de la souffrance du péché, le Père Miséricordieux envoya son commis en mission chez ABIDICE afin qu'il lui rapportât la terre, la matière première dont il avait besoin pour réaliser son projet.

Bêlié, Bêwlin, **en plus de nous révéler les mystères cachés de la création, la parabole du Prophète ABIDICE, dans les djlêmas 6-29, nous dévoile une clé spirituelle très importante : La clé de succès d'une mission.**
Nous entendons par « mission», toute initiative destinée à résoudre

C : Cantique
L : Lexique

un problème, à lever un obstacle ou une difficulté tant sur le plan personnel que communautaire.
Nous entendons par « mission » toute initiative destinée à satisfaire à un besoin.
Nous entendons par « mission », toute responsabilité à nous confié dans le cadre de la réalisation d'un projet.
La mission DEHIMA est la responsabilité confiée aux Dehyimagnoan d'entreprendre l'ensemble des initiatives destinées à purifier l'humanité, notamment les Djamatlikis du péché par le partage du Djlêma révélé par Gnian BAGUÊ HGLONHYO.
La mission est surtout un projet conçu et exécuté pour apporter une solution à un problème.
Aussi, la première chose à faire avant d'accepter une mission, est-il de s'assurer que cette mission clairement définie, s'inscrive dans la volonté d'ABA LAGÔ. Il faut se poser des questions sur la nature du projet qui la motive.
Quelle est le but du projet qui implique la mission ?
Pourquoi voulons-nous entreprendre cette initiative ?
Le but est de savoir lequel du bien ou du mal la mission sert.
Si le but est de promouvoir les valeurs du bien alors c'est ABA LAGÔ qui nous appelle à son œuvre. Engageons-nous sans réserve, comme le commis d'ABA LAGÔ le fit lorsque Le Père Créateur l'appela dans le Djlêma 6 de la parabole !
Par contre si nous avons la conviction que ce sont les intérêts maléfiques qui sous-tendent le projet que nous nous apprêtons à servir, détournons-nous-en au plus vite. Fuyons ceux qui nous le proposent quels qu'en soient les avantages car ils veulent faire de nous des agents de DEVLO comme eux !
La mission valorise le bien lorsque son objet est conforme à la lettre et à l'esprit du Djlêma. Toute mission dont l'objet est contraire au Djlêma dans sa lettre et dans son esprit, consacre le mal !
C : Cantique
L : Lexique

Bêlié, Bêwlin, une fois que vous avez la certitude de répondre à un appel d'ABA LAGÔ, vous devez être déterminés à réussir la mission qui vous est confiée. Sachez que ce ne sont ni les plus compétents ni les plus équipés encore moins les plus beaux qui réussissent mais les plus déterminés. Il est indéniable que la compétence, les moyens et la beauté donnent des avantages certains dans la réussite d'une mission. Ce sont des atouts importants qui n'en déterminent toutefois, pas l'issue. Seul le niveau de votre détermination conditionnera le succès du projet à vous confié.
Le commis d'ABA LAGÔ n'a pas fait que répondre favorablement à l'appel de son maître. Il était déterminé à l'accomplir avec succès. C'est pourquoi il était disposé à faire tous les sacrifices que cela impliquait.
C'est parce qu'il était déterminé à réussir, que l'émissaire DIVIN fit trois fois le long voyage à NFÊGLA, sans se plaindre chaque fois que le Père Créateur le lui ordonna dans les Djlêmas 6, 18 et 21.
C'est parce qu'Il était déterminé à réussir, que le commis du DIVIN retourna affronter ABIDICE à trois reprises, malgré les refus catégoriques que ce dernier lui opposa, dans les Djlêmas 15,18 et 23.
La plupart des croyants estiment à tort que lorsqu'ABA LAGÔ leur confie une mission, ils la réussiront certainement sans difficultés voire sans échec parce qu'ABA LAGÔ est tout puissant.
C'est la raison pour laquelle très peu de croyants persévèrent devant les épreuves qui jonchent leur parcourt.
C'est surtout la raison pour laquelle, l'échec signifie pour la grande majorité des croyants la fin de leur entreprise.
Ces croyants sous-estiment ou ignorent les obstacles et même les échecs que comporte toute mission. Ils ne s'arment par conséquent pas de la farouche détermination qui leur permettra d'en venir à bout pour la réussir.
Cependant pour être efficace, la détermination doit être
C : Cantique
L : Lexique

accompagnée de la discipline et de la capacité d'adaptation.
La discipline permet au missionnaire de conduire sa mission dans la soumission à ABA LAGÔ. Il ne s'agit pas ici d'obéir aveuglément à la volonté d'un guide religieux. Il s'agit d'obéir à la parole d'ABA LAGÔ, qui est le Djlêma révélé par Gnian BAGUÊ HGLONHYO. La discipline impose à tout croyant de respecter la volonté du Père Créateur dans l'exécution de son projet, quelles que soient les difficultés.
La discipline impose au croyant de toujours travailler dans les limites que lui impose la parole d'ABA LAGÔ. C'est au nom de la discipline que le commis a obéit sans se plaindre à ABA LAGÔ qui lui demandait de retourner voir ABIDICE, malgré les échecs qu'il essuyait.
La capacité d'adaptation permet au missionnaire d'ajuster sa stratégie chaque fois qu'il rencontre un obstacle.
Certes les Djlêmas 15,18 et 23, nous disent qu'ABIDICE fut abordé à trois reprises par le commis DIVIN, lui opposant à chaque fois un refus catégorique. Cependant dans les Djlêmas 24-29, nous constatons que le commis, se reprenant de la tristesse qui l'avait envahi, après son troisième échec, décide de se rendre à la décharge de la carrière d'ABIDICE, pour chercher la terre dans les débris qui y sont entassés. Cette démarche lui permet de trouver des résidus de terres blanche, rouge et noire, qu'il rapporta à ABA LAGÔ.
Il y a un principe spirituel qu'il est important de connaître lorsqu'on conduit une mission : Les mêmes causes produisent toujours les mêmes effets.
Bêlié, Bêwlin, toute personne qui ignore ou néglige ce principe dans la conduite d'une mission à elle confiée, échouera indéfiniment quelle que soit le niveau élevé de sa détermination. La colère, les pleurs, la culpabilité et le découragement n'ont jamais résolu un problème. C'est pourquoi, il faut garder toujours ce principe à l'esprit, pour ajuster sa stratégie, chaque fois qu'on bute sur un obstacle, de façon à le lever ou à le contourner. L'émissaire d'ABA

C : Cantique
L : Lexique

LAGÔ affronta directement ABIDICE à trois reprises de la même façon:

1- Il parcourt une longue distance
2- Il arrive à NFÊGLA
3- ABIDICE le reçoit très
bien
4- Il lui demande la terre de la part d'ABA
LAGÔ
5- ABIDICE refuse.

On ne peut pas dire qu'il n'a pas été déterminé parce que cette procédure a été reprise trois fois. On ne peut pas dire qu'il n'était pas discipliné car il a obéit au Père Créateur chaque qu'il lui a demandé de retourner voir ABIDICE, malgré les échecs qu'il rencontrait, sans se plaindre.

Cela ne l'a pas empêché d'avoir le même résultat : le refus catégorique d'ABIDICE !

Dehyimagnon, quelle que soit ta force, si tu fonces tête baissée sur un mur en béton dans le but de le renverser au lieu de l'escalader, tu vas te faire mal ! Et tu souffriras autant de fois que tu affronteras ce mur de cette façon.

Le quatrième sacrément nous dit que le Djlêma d'ABA LAGÔ nous sauve des plaies d'Egypte, pour nous conduire à Canaan, la terre promise. Mais les plaies d'Egypte sont les conséquences du mal dans lequel nous vivons. C'est le mal que nous récoltons du mal que nous semons. Lorsque nous nous mettons à vivre dans le Djlêma, nous rejetons le mal, pour appliquer à notre vie le changement du bien. Alors, nous guérissons des plaies d'Egypte, par le remède du bien dans lequel nous vivons désormais. Ce sont les changements que nous faisons dans notre vie, qui y apportent les bénédictions qui désormais y pleuvent!

De même, une mission est un ensemble de moyens, qu'on organise

C : Cantique
L : Lexique

dans une stratégie et qu'on exécute avec une farouche détermination, pour atteindre dans la discipline, un ou plusieurs objectifs qui conduisent au but.
Aussi, lorsqu'on échoue devant un obstacle, il faut obligatoirement changer de stratégie.
C'est ce que font les esprits très sages dès le premier échec.
C'est ce que font les esprits sages après deux échecs.
C'est ce que font les esprits ordinaires après trois échecs.
Les esprits insensés compteront leurs échecs, aux nombres des tentatives identiques, qu'ils appliqueront à leur l'obstacle !
Que personne ne s'y trompe !
Le même chemin aboutit à la même destination.
Le même remède guérit la même maladie.
La même stratégie produit le même résultat.
Les mêmes habitudes définissent la même vie.
C'est pourquoi celui qui veut changer de destination doit changer de chemin.
C'est pourquoi celui qui veut guérir une autre maladie doit changer de remède.
C'est pourquoi celui qui veut avoir un résultat différent doit changer de stratégie.
C'est pourquoi celui qui veut changer de vie, doit changer ses habitudes.

L'émissaire d'ABA LAGÔ savait qu'il devait nécessairement rapporter la terre à son maître. Après ses trois échecs face à ABIDICE, il comprit qu'il lui fallait changer de stratégie. Le Djlêma 24, nous dit qu'il était très triste de ne pouvoir accomplir la mission que le Père Créateur lui avait confiée. Le Djlêma 25 nous dit qu'une idée lui vint !
Bêlié, Bêwlin, pour avoir une bonne et excellente idée, il faut deux choses : La prière puis la réflexion.

C : Cantique
L : Lexique

Le commis est un loyal serviteur d'ABA LAGÔ. Il est par conséquent aisé de comprendre que sa réflexion était soutenue par la prière qui est sa dévotion Au Père Créateur.
Ceci est également très important pour tous les croyants. La foi ne dispense à personne de fournir des efforts encore moins de réfléchir. Beaucoup pensent à tort que croire en ABA LAGÔ leur donne le droit de mettre leur cerveau et leurs muscles en berne. C'est au point où certains se permettent de dire ouvertement : « C'est parce que vous réfléchissez trop que votre foi ne produit pas les bénédictions que vous espérez ! » ou encore : « Arrêtez de vous fatiguer et laissez ABA LAGÔ faire les choses pour vous, car il a déjà tout prévu depuis la fondation du monde ! ».
Ces déclarations choques qui font du bien aux croyants paresseux sont des mensonges que les agents infiltrés de DEVLO distillent dans le peuple d'ABA LAGÔ pour l'assujettir. En vérité, il n'y a rien de plus faux !
Frère ne te laisse pas abuser !
Sœur ne te laisse pas distraire !
Ne délègue à personne surtout à un guide religieux ton devoir de réfléchir et d'agir dans le sens de tes intérêts, de ta communauté, en restant dans les limites de la volonté d'ABA LAGÔ. Tu te jetterais délibérément dans les bras de gourous, véritables Zouzouhblagnoan (L27) qui te dépouilleront jusqu'à la moelle, avant de se débarrasser de toi après t'avoir tout pris, en polluant ton âme au passage.
Si ABA LAGÔ t'a donné un cerveau, c'est pour réfléchir afin de trouver des solutions aux problèmes que tu rencontreras dans ta vie.
Si ABA LAGÔ t'a donné des membres, c'est pour que tu puisses agir et réagir face à une situation.
Rien ! Absolument rien ne te dispense d'utiliser ces moyens naturels, qu'ABA LAGÔ t'a donnés, pour régler tes problèmes.
Par conséquent si la réflexion de l'homme de foi que tu es, ne lui

C : Cantique
L : Lexique

permet pas de trouver les solutions efficaces, c'est parce qu'il réfléchit mal et non parce qu'il réfléchit trop !
Et si tes efforts sont toujours vains malgré ta détermination, c'est qu'ils sont portés par une mauvaise stratégie et non parce qu'ils sont trop importants !
Il est clair que moins on réfléchit plus on fournit d'efforts souvent vains.

Bêlié, Bêwlin, quels que soient les difficultés que vous rencontrez, vous devez pratiquer **la réflexion méditative**:
1-Prier pour implorer le secours d'ABA LAGÔ
2- Réfléchir sous l'inspiration du Saint Esprit
3- Agir dans le bien en appliquant immédiatement la solution qui vous viendra à l'esprit.

Dans les Djlêmas 26-28, l'émissaire d'ABA LAGÔ va adapter sa stratégie en appliquant le fruit de la réflexion méditative.
Plutôt que d'aller essuyer un quatrième refus d'ABIDICE, il va aller se servir dans sa poubelle. C'est en effet dans la décharge de Guédi ABIDICE que le commis d'ABA LAGÔ trouve les terres dont Le Père Créateur avait besoin. La solution d'un problème peut se trouver dans les lieux les plus improbables et peut se présenter sous une apparence insolite. C'est pourquoi, ce sont les hommes de foi qui pratiquent la réflexion méditative. Il faut avoir la foi pour s'engager dans une voie qui raisonnablement semble incertaine ou sans issue pour le commun des mortels. Le but ici est d'appliquer au problème qui se pose à nous, la solution selon ABA LAGÔ et non celle de la chaire. La prière et la réflexion permettent de créer le cadre spirituel dans lequel ABA LAGÔ, inspirera la solution au problème à travers le Saint Esprit, qui accompagne tous ses serviteurs. La solution quelle qu'elle soit, nous vient d'ABA LAGÔ en qui nous avons entièrement confiance, parce que nous sommes des hommes de foi. Nous nous

C : Cantique
L : Lexique

appuyons par conséquent sur la détermination de notre foi, pour l'appliquer efficacement.
C'est exactement ce que fit l'émissaire d'ABA LAGÔ. Il a appliqué l'idée dès qu'elle lui vint à l'esprit. Il eut gain de cause.
Certains ont prétendu que l'émissaire avait volé la terre chez ABIDICE. Ce n'est pas vrai ! Diriez-vous à une personne qui fouille dans votre poubelle même sans votre avis, qu'elle vous vole ? Et si un voleur rentre dans une maison n'est-ce pas pour s'approprier ce qui est précieux ? Pourquoi l'émissaire d'ABA LAGÔ rentrerait-il dans l'entrepôt où ABIDICE stocke la terre raffinée pour ramener au Père Créateur la terre brute encore imparfaite ou des débris de terre ?
Allons au cœur spirituel des évangiles pour ne pas en pervertir la portée. ABA LAGÔ est le bien absolu, il ne peut en aucun cas s'associer au vol!

Les Djlêmas 29-30 nous dissent qu'ABA LAGÔ était content parce que l'émissaire avait accompli sa mission avec succès.
Le succès d'un mandaté réjouit toujours le cœur de son mandataire.
Un employé qui travaille efficacement réjouira toujours le cœur de son patron.
Un président qui travaille bien réjouira toujours le cœur de son peuple.
Un guide religieux qui travaille bien, réjouira toujours le cœur d'ABA LAGÔ.
Un Dehyimagnon qui travaille bien réjouira toujours le cœur de Gnian BAGUÊ HGLONHYO !
Quelle que soit la mission que vous conduisez gardez toujours à l'esprit que c'est à son résultat que vous devrez la satisfaction de celui au nom de qui vous l'exécutez.
C'est pourquoi le croyant, après s'être assuré que sa mission s'inscrive dans la volonté d'ABA LAGÔ, doit tout mettre en œuvre

C : Cantique
L : Lexique

pour la conduire avec efficacité. Par « tout mettre en œuvre » comprenons bien que l'homme de foi doit conduire toute mission à lui confiée dans le bien qui est l'Amour DIVIN! Vous devez bien faire votre travail dans le bien pour produire un bon résultat. Les agents de Devlo ont l'habitude de dire que la fin justifie les moyens. Mais pour vous les hommes de foi, le bien doit justifier le bien de sorte que votre résultat dans le bien, ne soit entaché d'aucun péché, d'aucune charge maléfique.

Bêlié, Bêwlin, les Djlêmas 30-36 nous révèlent l'esprit et la méthode de travail du Père Créateur, dans la conduite de son projet.

Mais avant de poursuivre, que celui qui est heureux de l'enseignement qu'il reçoit, chante à la gloire de notre Christ, Gnian BAGUÊ HGLONHYO, La Fille d'ABA LAGÔ !
Chantons à la gloire de JESUS, le Premier Fils d'ABA LAGÔ.
Chantons à la gloire de GBAMLA DODO, notre Mère Nourricière !
Chantons à la gloire d'ABA LAGÔ, notre Père Créateur!
« Ayo ! DEBELIPKI ho ! ZIHGLON ho ! DAHGLON ! Ayo !
Ayo ! DEBELIPKI ho ! ZIHGLON ho ! DAHGLON ! Ayo ! »
(Merci à « La Parole Révélée », « la femme qui domine», DAHGLON! Merci !)
Oui, Bêlié, Bêwlin, la véritable adoration est la gratitude, que nous manifestons à ABA LAGÔ, pour ses innombrables bienfaits!
Si les hommes ne sont pas assez outillés pour écouter ta voix si particulière, ton Père Créateur dansera au son de la sincérité de ton cœur !
Alors chante!

Bélié, Bêwlin, ABA LAGÔ a tèti hgéni agnin ko, Gnian BAGUÊ HGLONHYO a hglinmou E kousê !

C : Cantique
L : Lexique

(Frères et soeurs, que DIEU nous bénisse de sa force au nom BAGUÊ HGLONHYO!)

ABA LAGÔ a travaillé le cœur en fête !
Le Djlêma 30 nous dit qu'il était heureux!
La joie est l'état dans lequel notre cœur se trouve lorsque nous sommes satisfaits. Lorsque nous aimons ce que nous avons ou ce que nous faisons, notre cœur se met automatiquement dans la joie, parce que nous sommes comblés. La joie, est en réalité la cause de tous les efforts, que les humains fournissent.
Les humains disent qu'ils veulent le bonheur.
En réalité, ils veulent juste être constamment dans la joie.
La vérité, est que la joie est le souvenir le plus vivant de notre proximité passée dans les cieux DIVINS, avec Le Père Créateur. ABA LAGÔ est constamment dans la joie. La tristesse n'est point en lui car il est l'Amour Absolu. Cependant, il arrive que des situations le préoccupent, baissant l'intensité de sa joie.
La joie est le catalyseur de la vie. Celui qui ne la ressent plus, sait qu'il n'a rien même s'il possède tout ! C'est pourquoi le croyant doit l'entretenir constamment en demeurant toujours dans le bien. La joie est l'état intérieur d'un être satisfait et comblé. Or seul le bien comble le cœur du croyant quel que soit le niveau des difficultés qu'il affronte. Le croyant doit toujours se satisfaire d'être dans la volonté d'ABA LAGÔ, qui le bénira certainement pour être heureux.
On est dans la joie, soit parce qu'on a eu ce qui nous fait du bien, soit parce qu'on a ce qui nous fait du bien, soit parce qu'on est certain qu'on aura ce qui nous fait du bien.
Celui qui accepte une mission conforme à la volonté d'ABA LAGÔ, est en joie parce qu'il s'engage dans une œuvre, qui lui fait du bien.
Celui qui accomplit une mission conforme à la volonté d'ABA LAGÔ, est en joie, parce qu'il recevra une bénédiction, qui lui fera du bien.

C : Cantique
L : Lexique

Très souvent malheureusement, nous acceptons les missions dans la joie, puis les persécutions et les obstacles remplacent progressivement cette joie, par le découragement qui appelle l'échec !

Le croyant se doit par conséquent d'accomplir sa mission avec une joie constante qui alimentera la farouche détermination avec laquelle il surmontera tous les obstacles. Il conduira sa mission au succès, en réalisant une succession d'exploits, parce que la main puissante d'ABA LAGÔ à qui il demeurera connecté, l'accompagnera toujours. Bêlié, Bewlin, que la joie soit notre partage dans toutes nos entreprises au nom de Gnian BAGUÊ HGLONHYO !
ABA LAGÔ a travaillé dans la joie pour créer la vie terrestre, parce qu'il savait qu'elle lui permettrait de guérir les esprits repentants, du mal qui les avait corrompus. ABA LAGÔ savait que son œuvre était pour la création, un bien qui ferait beaucoup de biens.
Vous aussi, conduisez toutes vos missions dans la joie du bien que réalisez autour de vous, et des bénédictions que vous récolterez du bien, que vous réussirez à accomplir pour vous et surtout pour les autres.

Le Djlêma 30 nous donne une autre clé, très importante sur la méthode de travail du Père Créateur. Il nous dit que dès qu'il a reçu les résidus de terre que lui rapporta son émissaire, **ABA LAGÔ s'est mit automatiquement au travail.**
ABA LAGÔ n'a pas dit : « Bon, dépose ça là-bas, demain, après-demain ou dans un mois je vais m'y mettre. ». Le Djlêma dit : « Très heureux, le Père Créateur se retira dans le ciel DJIGBOGBASSA, où se trouvent les laboratoires et les ateliers de la création, et se mit au travail».
Le premier obstacle d'une mission est la procrastination c'est-à-dire la remise à plus tard de ce qu'on doit ou peut faire maintenant.

C : Cantique
L : Lexique

Combien de mission ont-t-elles été avortées parce qu'on les a remises à demain ?
Combien de mission ont-elles été compromises parce que le timing n'a pas été respecté ?
Combien de couples ne verront jamais le jour, parce que l'homme n'a pas eu le courage d'aborder cette femme que Le Saint Esprit lui indiquait à l'instant, à cet endroit précis ?
Bêlié, Bêwlin, toute mission commence à la tierce, à la seconde, à la minute, à l'heure, au jour, où on prend l'engagement de l'accomplir. Les responsabilités commencent dès que la mission nous est confiée. Ta responsabilité de nourrir, soigner, entretenir une femme commence à partir du moment où elle devient ton épouse. Cette obligation s'impose à tout homme, qui entretien des relations intimes avec une femme, car même les voleurs ont l'obligation d'entretenir les biens qu'ils spolient, s'ils veulent en garantir la valeur.
Tes responsabilités de parent, commencent dès le premier jour de la grossesse.
A partir du moment où tu deviens directeur d'une entreprise, tu es responsable de la bonne tenue des comptes et de sa gestion.
A partir du moment où tu es élu président de la république, tu es responsable du bien-être de chacun de tes compatriotes.
Awênian ho !
Dehyimagnon, tes obligations de fidèle dehima commencent dès ton baptême !
Dehyimagnon, tes obligations Djlêmagnon(L28) commencent dès ta consécration !
Dehyimagnon, tes obligations d'Aladja(L29) commencent dès ta consécration !
Dehyimagnon, tes obligations de Sacaba(L30) commencent dès ta consécration !
C : Cantique
L : Lexique

Dehyimagnon, tes obligations de Lézé(L31) commencent dès ta consécration !
Dehyimagnon, tes obligations de Plikiman(L32) commencent dès ta consécration !
Dehyimagnon, tes obligations de Têtiba(L33) commencent dès ta consécration !
Dehyimagnon, tes obligations de Dehyimaba(L34) commencent dès ta consécration !
Dehyimagnon, tes obligations de Powaba(L35) commencent dès ta consécration !
Dehyimagnon, tes obligations de Chef Suprême(L36) commencent dès consécration !
A partir du moment où on te confie une mission, tu dois automatiquement en assumer les obligations, avant de jouir des prérogatives qui y sont attachées.
La vie n'a pas de brouillon.
La vie n'est pas un brouillon.
La vie, c'est maintenant!
Quoi que tu fasses en ce moment, sache que c'est ton espérance de vie que tu es en train de consommer, que ce soit en bien ou en mal. Tu ne rattraperas jamais le temps que tu consacres à de vaines choses, au lieu d'assumer tes responsabilités.
Le bon serviteur est celui qui assume ses obligations en priorité.
On est tous en mission à quelque niveau que ce soit. On est tous serviteurs de quelqu'un, d'un ensemble ou d'une cause. Assumons maintenant les responsabilités qui sont les nôtres, sans les remettre à demain.
C'est maintenant que tu dois être le bon conjoint ou la bonne conjointe qui sommeille en toi.
C'est maintenant que tu dois être le bon Père, la bonne Mère de famille qui sommeille en toi.
C : Cantique
L : Lexique

C'est maintenant que tu dois être le bon enfant qui sommeille en toi.
C'est maintenant que tu dois être le bon Président, le bon ministre, le bon directeur, le bon employé, le bon manager, bon le militaire, le bon ami, le bon frère, le bon élu qui sommeille en toi.
C'est maintenant que tu dois être le bon fidèle, le bon Djlêmagnon, le bon Aladja, la bonne Sacaba, le bon Lézé, le bon prédicateur, le bon Têtiba, le bon Dehimaba, le bon Powaba ou le bon Chef Suprême qui sommeille en toi !
C'est maintenant que tu dois être le bon missionnaire qui sommeille en toi.
C'est maintenant que tu dois être le bon croyant qui sommeille en toi et non demain !
C'est maintenant que tu dois résoudre les problèmes que tu as les moyens de résoudre. La vie, c'est maintenant et non demain!
C'est maintenant qu'il faut faire le bien qui nous fera du bien et non demain !
C'est maintenant que les circonstances favorables au bien sont réunies et non demain !
Celui qui remet sans cesse à demain une responsabilité qu'il peut accomplir aujourd'hui est un insensé qui choisit de s'endetter alors qu'il a les moyens de payer la note. Le jour viendra où ses dettes seront telles qu'il lui sera difficile voire impossible de les rembourser. Il fera faillite car c'est un insensé qui a construit ses difficultés en accumulant les facilités, dont il a refusé de profiter au bon moment. Il compromettra sa mission et sera appelé mauvais conjoint, mauvais parent, mauvais enfant, mauvais président, mauvais ministre, mauvais militaire, mauvais élu, mauvais serviteur, mauvais manager, mauvais fidèle, mauvais apôtre, mauvais Aladja, mauvaise Sacaba, mauvais Lézé, mauvais Plikignon, mauvais Tètiba, mauvais Dehimaba, mauvais Powaba, mauvais Chef Suprême, mauvais guide religieux, ... Bref il aura été un mauvais missionnaire !
C : Cantique
L : Lexique

Le Père Créateur, ABA LAGÔ nous parle maintenant !
La Mère Nourricière, GBAMLA DODO La Terre, nous parle maintenant !
Le Christ JESUS nous parle maintenant !
Gnian BAGUÊ HGLONHYO nous parle maintenant !
Tout l'univers nous parle maintenant !
Ecoutons-les et agissons maintenant !
Souvent La Voix nous rappelle une chose importante que nous avions oubliée. Il arrive même que La Voix insiste encore et encore, pour nous pousser à agir maintenant. Mais nous refusons d'obéir, parce que nous avons peur ou DEVLO nous séduit par une tentation qui en fin de compte, ne nous fera que du mal!
Et après, ce sont les regrets !
Il faut que ça change !
Agissons maintenant !
Ne remettons plus à demain le bien que nous pouvons accomplir aujourd'hui.
Lorsqu'on a faim et qu'on peut se nourrir, on se nourrit sans attendre. De même, la mission que nous assumons a faim des solutions, que nous appliquerons aux problèmes, qui rythment son accomplissement. Nous devons la rassasier, en les resolvant maintenant.
Dehyimagnon, quoi que tu fasses, qui que tu sois, sache que tes responsabilités, c'est maintenant et non demain ! Assume-les !!!
Ne remets pas à demain, la mission que tu peux accomplir aujourd'hui.
Fais maintenant le choix des choses constructives.
Ne laisse pas la vanité consumer ta vie !
Ne te distraie pas pendant le travail et ne travaille pas pendant le repos.
Ne consacre pas le temps et les ressources destinés à assumer tes

C : Cantique
L : Lexique

responsabilités à la vanité.
Consacre à chaque élément de ta vie, le temps et les ressources qui lui reviennent de droit !

Les Djlêmas 30-34 nous révèlent que contrairement à ce qui est répandu, **ABA LAGÔ a planifié son travail avant de l'exécuter**.
ABA LAGÔ s'est retiré dans son ciel DJIGBOGBASSA (L37). L'évangile du Prophète BODOBA (L38) nous dit que ce ciel comporte les dix-huit villages qui sont les laboratoires et les ateliers de la création terrestre. Nous savons qu'un laboratoire sert à effectuer les expériences qui permettront de maitriser les contours d'une œuvre qu'on veut réaliser. Nous savons qu'un atelier sert à fabriquer des œuvres qui nous permettons de satisfaire à nos besoins.
Gnian BAGUÊ HGLONHYO nous révèle ici que Le Père Créateur a préparé son travail de façon à en maitriser tous les contours avant de l'exécuter. Nous avons dit que notre engagement à exécuter notre mission devait être immédiat.
Sachons cependant que la première étape d'exécution d'une mission, est sa préparation. La préparation d'une mission consiste à mener toutes les réflexions et les expériences, qui permettent de la miniaturiser dans les détails, pour en avoir une vision globale. C'est ce qu'on appelle faire un plan, qui est la reproduction de la mission à une échelle réduite. C'est ce que fit ABA LAGÔ en créant tous les prototypes de matières, de végétaux, d'animaux et d'humains qui peupleraient La Terre. Le plan permet de maitriser les détails parfaits et imparfaits, dont la mission a besoin pour réussir.
Bêlié, Bêwlin, la toute-puissance d'ABA LAGÔ, ne l'a pas empêché de planifier son travail, parce qu'il était décidé à le réussir. Quelle que soit notre force, nos moyens, notre intelligence ou la facilité apparente de la mission, tâchons d'en faire le plan avant toute exécution. Cela permettra d'en maitriser les risques et anticiper tous

C : Cantique
L : Lexique

les obstacles, qui entraveront son succès. Le plan permet de penser d'avance, le quoi, le comment, l'où, le quand, le qui, l' « avec quoi » et l' « avec qui », et même le « contre qui », de la mission. Gardons à l'esprit que le résultat d'une mission, dépend des efforts et du temps consacrés à sa préparation. C'est la préparation qui fera du don que nous avons, le talent qui garantira notre succès. Certes, le succès d'une mission dépend de la qualité de son plan, qui est tributaire de la préparation qui lui a été consacrée. Beaucoup de missionnaires échouent, non par manque d'intelligence, encore moins de moyens, mais par manque de planification.

En effet, conduire un projet dans l'improvisation totale, est la meilleure façon de le mener à l'échec. N'écoutez pas les insensés qui définissent l'improvisation comme une façon de conduire une mission. L'improvisation sert à adapter le plan aux circonstances imprévues. L'improvisation est efficace pour celui qui sait déjà où il va. Quels que soient les détours que les circonstances lui imposeront, il trouvera toujours le moyen de rattraper la trajectoire, qui lui permettra d'arriver à destination à temps. Par contre, celui qui avance sans planification, perdra du temps à affronter des obstacles, qu'il aurait pu simplement contourner, et accroît son risque de perdre le cap, au fil des détours auxquels il sera contraint. Soit il arrivera à destination en retard, soit il échouera sur une plage sauvage loin du port. Il terminera mal la mission ou ne la terminera pas du tout.

Il y en a qui disent que le croyant doit vivre comme un oiseau qui mange, alors qu'il n'a pas les moyens de semer et de moissonner. Ces croyants ignorent deux choses.

La première, est que la vie des oiseaux ne leur enseigne pas de ne pas penser à demain. Les oiseaux auxquels ils s'identifient, ont en effet, une intelligence instinctive, qui leur dicte de migrer vers des horizons meilleurs, pour échapper aux difficultés que leur lieu actuel

C : Cantique

L : Lexique

d'habitation, leur imposera demain. Les oiseaux migrent en prévision du lendemain. Mieux, certains oiseaux font des provisions, pour anticiper la famine que le mauvais temps leur imposera demain. La vie des oiseaux nous enseigne d'avoir la foi en ce que nous entreprenons. Certes les oiseaux n'ont pas les moyens de semer, mais tous les jours, ils soumettent au Père Créateur, leurs vœux de se nourrir avant de sortir de leur nid pour se rendre dans un endroit précis. Le Père Créateur exauce leurs vœux.
Les oiseaux soumettent au Père Créateur leurs vœux d'arriver à bon port, dans le lieu de leur reproduction. ABA LAGÔ exauce leurs vœux. Les oiseaux mènent une vie de foi et non une vie d'improvisation !
De même nous les croyants, devons toujours soumettre au Père Créateur nos projets, avant de les entreprendre. Cela ne nous dispense aucunement de les planifier, afin d'en accroître les chances de succès.
La deuxième chose que les croyants qui vivent comme des oiseaux doivent comprendre une bonne fois pour toute, est qu'ils ne sont pas des oiseaux. D'ailleurs tous les animaux se nourrissent de végétaux alors qu'ils ne pratiquent pas l'agriculture.
Les oiseaux sont des animaux et eux, des humains qui ont les moyens de semer et de moissonner. ABA LAGÔ a demandé aux oiseaux de chanter pour avoir leur pitance quotidienne. ABA LAGÔ a demandé aux hommes de travailler pour se nourrir.
Alors pourquoi un homme ferait-il le choix de vivre comme un oiseau ? C'est de la convoitise de vouloir vivre selon les normes d'un autre alors qu'on a les siennes. C'est de la convoitise de vouloir la vie d'un autre alors qu'on a la sienne. La vie d'un oiseau comme celle de tous les animaux tourne autour de ses besoins vitaux que sont la nourriture, le logement, la reproduction et la survie. La vie d'un homme tourne autour de la manifestation de l'Amour Divin. C'est pourquoi, la vie de l'homme ne trouve son sens, que lorsqu'il la

C : Cantique
L : Lexique

consacre à une mission, qui transcende ses besoins vitaux.
L'oiseau et l'humain n'ont par conséquent pas les mêmes normes de vie.
L'oiseau et l'humain n'ont pas du tout la même conception du bien-être.
L'oiseau vit dans un nid dont l'architecture reste identique selon son espèce toute sa vie.
L'homme vit dans une maison dont l'architecture et le confort varient au gré de sa richesse et de son ascension sociale.
L'oiseau n'aspire pas à s'acheter une voiture ou des appareils électroménagers comme l'homme.
L'oiseau n'aspire pas à posséder des biens et à créer des entreprises comme l'homme...
Durant toute sa vie, l'oiseau répètera les mêmes activités jusqu'à sa mort. Aux yeux de tout humain normalement constitué, la vie d'un oiseau devrait sembler bien monotone. L'homme a besoin d'évoluer professionnellement et socialement pour se sentir heureux.
Oui !
Dehyimagnon !
C'est ton droit de vivre dans un beau et grand domaine.
Tu as le droit d'être un homme financièrement puissant.
C'est ton droit d'avoir des ambitions au plus haut niveau militaire, administratif et politique de ton pays.
C'est ton droit de quitter la queue de la société pour arriver à la tête.
Ceux qui t'enseignent que tu dois te satisfaire comme un animal, d'une vie qui tourne autour de tes besoins vitaux, te mentent.
Ceux qui t'enseignent que la pauvreté est une norme, que tu dois accepter durant ta vie terrestre, car des richesses plus grandes t'attendent au ciel, te mentent !
Ceux qui t'enseignent que les messagers qu'ABA LAGÔ a envoyés étaient des pauvres, te mentent encore plus !
C : Cantique
L : Lexique

Ceux qui t'enseignent que l'homme de foi ne doit s'intéresser ni à l'argent ni à la politique ainsi qu'à toute forme de pouvoir te mentent !

La pauvreté est une malédiction ! Ne l'accepte pas !

Bats-toi toujours pour t'en purifier. ABA LAGÔ ne prend pas plaisir à celui qui se condamne à ne rien posséder parce qu'il n'a rien. C'est un paresseux qui refuse de se purifier de son péché. ABA LAGÔ prend plaisir à celui qui accepte de partager avec les autres, les possessions qu'il a acquises par ses efforts dans le bien, quelle que soit leur quantité. Le sacrifice véritable, consiste à se priver ou à se dépouiller de ce que nous possédons, pour manifester l'Amour DIVIN. C'est à cela que Le Père Créateur prend plaisir.

Celui qui ne donne rien parce qu'il n'a rien ne sacrifie rien !

En tout état de cause, le Djlêma nous dit qu'ABA LAGÔ a planifié la création terrestre. Par conséquent, c'est un impératif pour l'homme qui veut réussir sa vie terrestre, de la planifier. Le croyant doit savoir au réveil, ce qu'il fera de sa journée. Le croyant doit savoir ce qu'il attend du Père Créateur le mois prochain, l'année prochaine, dans cinq ans, lorsqu'il sera adulte, lorsqu'il sera vieux...

Le croyant doit définir son projet de vie, qui précise l'ensemble des initiatives principales et secondaires qu'il doit entreprendre pendant son existence.

Le croyant doit soumettre à ABA LAGÔ ses différentes attentes sur les plans personnel, familial et communautaire. Le croyant doit avoir le plan, précis qui lui permettra de réaliser ses différentes attentes. C'est seulement à ce prix qu'il se sentira vivre en tant qu'humain. Celui qui veut faire de sa vie une grande aventure, doit apprendre à vivre dans la planification des projets qui la meublent. Il doit définir clairement dans le bien, le but qu'il veut atteindre au soir de sa vie, ainsi que les différents objectifs, qui lui permettront d'y parvenir au fil du temps. C'est ainsi qu'il créera à chaque stade, l'environnement

C : Cantique

L : Lexique

spirituel qui lui permettra d'évoluer graduellement. Celui qui veut arriver au sommet de la montagne, doit planifier son ascension s'il ne veut pas faire une chute mortelle.
Bêlié, Bêwlin, planifions nos vies, car celui qui choisit de vivre au gré des circonstances comme un animal, finira sa vie comme un animal. Qu'il ne s'en prenne qu'à lui-même sans se plaindre et surtout sans accuser les autres, notamment les sorciers ou le diable. Il est son propre sorcier ! Il est son propre diable !
Le miroir que nous l'invitons à consulter, le lui rappellera.

Les Djlêmas 33-34 nous disent qu'en dehors de TIMA SAPLÔ(L39), l'homme parfait qui a été conçu avec le peu de terre raffinée qu'ABA LAGÔ a obtenue, les prototypes avaient des imperfections parce qu'ils étaient issus des résidus de terre que l'émissaire lui avait rapportés.
Bêlié, Bêwlin, nous devons insister sur une chose capitale.
La planification n'a pas pour but de travailler dans les conditions les plus parfaites. **La planification n'a pas pour but de réaliser un plan parfait. Elle permet juste de réaliser un plan harmonieux dans lequel les nombreuses imperfections s'équilibrent avec peu de perfections.** C'est pourquoi les imperfections des prototypes n'ont pas empêché Le Père Créateur de poursuivre son œuvre. Il ne faut pas s'arrêter parce qu'on constate que le projet comporte des imperfections à certains niveaux. Il faut juste trouver le moyen d'agencer ces imperfections dans un tout harmonieux comme l'a fait Le Père Créateur avec la création. La création est en effet un tout harmonieux composé d'éléments qui, pris individuellement ne sont pas parfaits. Nous avons tous des imperfections à certains endroits de notre corps. Mais ces imperfections ne nous empêchent pas de vivre. Celui qui abandonne ou retarde un projet parce qu'il estime qu'il ne le maitrise pas parfaitement commet une grosse erreur qu'il

C : Cantique
L : Lexique

finira par regretter. C'est pourquoi les perfectionnistes ne sont pas forcément les meilleurs animateurs de projet mais les réalistes.
La parfaite connaissance des moyens et de la stratégie, qui permettront de réussir la mission, ne doit pas non plus, en conditionner l'exécution.
ABA LAGÔ savait qu'il avait besoin de terre raffinée pour créer des prototypes parfaits. N'ayant pas cette terre à sa disposition, il a façonné les créatures terrestres avec les résidus de terre et le peu de terre raffinée en sa possession.
Bêlié, Bêwlin, une fois la planification achevée, il faut se lancer avec les moyens disponibles. Réussir une mission n'inclut aucunement de réunir obligatoirement tous les moyens nécessaires à l'élément près, avant de se lancer. Après avoir tout évalué et tout organisé, il faut se lancer avec les moyens qu'on a à notre disposition à l'instant. On peut entamer une mission de plusieurs milliards avec quelques dizaines de mille. Tout, dépend de notre détermination et des sacrifices que nous sommes prêts à lui consentir. Tout, le reste se mettra en place progressivement. N'oublions pas que c'est ABA LAGÔ et lui seul qui multipliera les efforts et les moyens que nous investirons dans la mission.

Dans les djlêmas 35-36, ABA LAGÔ présente ses prototypes aux esprits saints. **Il partage son projet avec son entourage pour qu'il porte son jugement sur la mission qu'il compte entreprendre**. Nous avons révélé, que l'intérêt de la création terrestre était de guérir les esprits maléfiques repentants du mal, qui les avait désormais corrompus. Comme Guédi ABIDICE, le Père Créateur savait qu'il y avait également dans les cieux lumineux, des esprits saints qui seraient opposés à sa volonté, de donner la chance aux esprits rebelles, de se racheter. Il y avait des esprits saints qui doutaient de l'efficacité de la solution, qui permettrait à ABA LAGÔ d'extirper le

C : Cantique
L : Lexique

mal de sa création. En leur présentant les prototypes de la création terrestre, en leur permettant de les voir et les expérimenter, Le Père Créateur voulait rallier les esprits saints, notamment les plus réticents à sa cause. Et il y parvint !
Le Djlêma 36 nous dit que les esprits saints étaient émerveillés, par les œuvres du Père Créateur. ABA LAGÔ a convaincu les esprits saints, en leur présentant du concret. En voyant ces œuvres, ils se sont faits une meilleure idée du projet du Père Créateur, et se sont approprier l'espoir qu'il représentait pour la création.
Bêlié, Bêwlin, quelle que soit l'importance de votre mission, ou la taille de votre projet, il fera nécessairement intervenir d'autres personnes. C'est votre responsabilité de les persuader, afin qu'elles jouent correctement leur partition, le moment venu. Pour ce faire, elles devront nécessairement partager l'espoir qui vous anime, que votre mission contribuera à rendre le monde meilleur. Elles devront partager votre joie. Cela n'est possible que si elles en ont une idée claire. D'où la nécessité d'élaborer un plan, qu'il faudra obligatoirement présenter à son entourage, notamment à ses collaborateurs, afin de recueillir leurs critiques et leurs appréciations. Il est en effet facile pour un missionnaire de se satisfaire de son plan. Le plan permet à celui qui l'élabore d'apprécier son projet dans sa globalité. Échanger avec les autres sur le plan, permet de se faire une idée précise de l'accueil que le public réservera au projet, lorsqu'il sera achevé. Il faut enrichir son projet en le partageant avec les autres. L'entourage favorable l'enrichira de ses encouragements, ouvrant le projet à des larges horizons auxquels nous n'avions pas pensé. L'entourage sceptique, l'enrichira de ses doutes qui nous révèleront les limites et les obstacles, que nous n'avions pas prévus.
Les esprits fertiles l'auront compris :

Présenter son projet aux autres permet tout simplement de l'améliorer.

C : Cantique
L : Lexique

« Et s'il y a plus de réticences que d'encouragements? » se demandent certains.
Beaucoup de réticences sur un projet signifient beaucoup de révélations sur les obstacles qui nous attendent et autant de solutions pour les contourner. Croyez-vous qu'ABA LAGÔ aurait renoncé à sauver les esprits repentants à cause des réticences des esprits saints ? N'oublions pas que c'est lui Le Souverain Absolu. On ne partage pas un projet avec les autres pour obtenir leur autorisation ou pas de le réaliser. L'autorisation nous vient d'ABA LAGÔ qui nous a rassuré dès le départ que cette mission est conforme à sa volonté. Présenter son projet aux autres permet de l'enrichir, de telle sorte que ceux qui acceptent d'y participer partagent notre foi et notre enthousiasme, pour le bien qu'il apportera à la création.
Il est dangereux de conduire une mission dans l'orgueil qui pousse à croire qu'en dehors de nous, personne ne peut y contribuer de façon productive. Ceux qui conduisent leur mission avec un esprit aussi orgueilleux, se privent de l'aide que les autres auraient pu leur apporter, pour contourner les obstacles qui se dresseront sur le parcourt. Aveuglés par leur orgueil, ils foncent souvent tête baissée dans le mur et se cassent la figure !
Il ne faut pas non plus craindre d'échanger avec les autres, par peur des coups bas et autre méchanceté que les agents de DEVLO pourraient nous faire subir. Il faut développer une confiance et une foi, en ce que si ABA LAGÔ, parmi les milliards d'habitants de La Terre, a porté son choix sur nous pour conduire cette mission, c'est qu'il nous en sait capables. ABA LAGÔ malgré son autorité sans limites, a pris la peine de persuader les esprits saints, en leur présentant les prototypes de la création terrestre. Soyons ses parfaits imitateurs dans la conduite des projets, qui nous sont confiés.
Partageons avec nos collaborateurs, nos idées et nos plans pour

C : Cantique
L : Lexique

obtenir d'eux l'adhésion sans faille, qui nous permettra de réussir notre mission.

Les djlêmas 37-43, nous disent que des esprits saints venus de NFÊGLA, qui avaient également assisté à la présentation des prototypes furent mécontents. Ils retournèrent rendre compte à ABIDICE, qu'ils accusèrent d'avoir donné la terre à ABA LAGÔ. Ce dernier nia et se rendit à LAGODOU, pour réclamer sa terre au Père Créateur. Et pourtant, le Djlêma 36 nous a dit que les esprits étaient émerveillés par les œuvres qu'ABA LAGÔ leur avait présentées.
Au milieu de cette effervescence générale pour la présentation du Père Créateur, il y avait une minorité qui était mécontente.
Votre mission, votre projet, ne fera jamais l'unanimité !
Jamais !
Ils s'en trouveront qui, pour une raison ou une autre, y seront fermement opposés. C'est pourquoi nous insistions sur le fait que la communication autour d'un projet n'a pas pour but d'obtenir l'autorisation des autres, mais leur contribution à l'enrichir. ABIDICE et les esprits de NFÊGLA ne croyaient pas que des esprits maléfiques repentants pussent faire du bien, à plus forte raison guérir du mal. Pour eux, cette aventure risquée n'aurait pour conséquence, que de répandre davantage le mal dans la création. Ils étaient par conséquent farouchement opposés à l'idée que la terre fût mise à la disposition de ces esprits, pour accomplir le mal. Pour eux, il n'en était tout simplement pas question !
Cela ne signifie pas qu'ABIDICE n'aimait pas ABA LAGÔ, ou qu'il ne lui faisait pas confiance. Cela signifie simplement que sur le sujet, ils ne partageaient pas la même vision.
Ceci est très important à comprendre dans la gestion des réticences à un projet.
Ce n'est pas parce qu'une personne ne partage pas votre conception

C : Cantique
L : Lexique

des choses, qu'elle ne vous aime pas.
Ce n'est pas parce que quelqu'un est opposé à la réalisation de ton projet, qu'il est ton ennemi.
Certes, des ennemis jaloux s'opposent à un projet par pure méchanceté. Cependant les autres peuvent s'y opposer, en se trompant de bonne foi, sur la nature du projet et la portée de son but. C'est notamment le cas de Guédi ABIDICE, qui aime tellement ABA LAGÔ, qu'il croit l'empêcher de commettre une erreur, en s'opposant à son projet de sauver des esprits repentants.
C'est pourquoi, il ne faut pas traiter une personne réticente à la réalisation d'un projet, avec mépris et haine. Il faut toujours rester dans le bien, pour la persuader du bien-fondé du projet.

C'est d'ailleurs ce que fit ABA LAGÔ dans les djlêma 44-55 lorsqu'ABIDICE, revêtu de ses attributs DIVINS, pour lui rappeler le droit de propriété absolue, qu'il a sur toute terre, voulut récupérer celle que le commis lui avait rapportée. Le Père Créateur n'opposa ni autorité ni animosité à ABIDICE. Bien au contraire, il négocia avec lui. Les esprits simples seront assurément choqués, de voir ABA LAGÔ discuter au lieu d'ordonner. C'est tout simplement parce qu'ils ont une très mauvaise conception, de l'exercice de l'autorité DIVINE.
L'autorité DIVINE, n'est pas une autorité assujettissante, encore moins opprimante.
L'autorité DIVINE est une autorité bienfaisante. Son but est de partager l'Amour DIVIN dont elle est investie, avec ses sujets.
ABA LAGÔ veut guérir la création du mal. Il sait que cela implique de faire du bien notamment à ABIDICE. Soumettre ABIDICE par la force ne ferait que semer le mal en lui. Par ailleurs, Le Père Créateur comprend la réaction d'ABIDICE, qui, en sa qualité de propriétaire absolu de la terre, manifeste un mécontentement de la voir utilisée à son insu. Le Père Créateur prend soin de rassurer ABIDICE, en lui montrant sa bonne foi. C'est ainsi qu'au Djlêma 46, il invite son émissaire à expliquer à ABIDICE où il s'est procuré la terre. ABIDICE

C : Cantique
L : Lexique

comprend alors que la terre ne lui a pas été volée, puisque tout le monde est libre de se servir dans une décharge. Mais, réaffirmant son droit de propriété absolue sur la terre, il décide de la vendre au prix fort à ABA LAGÔ. Ce dernier, le prend au dépourvu, en lui demandant d'être son associé sur le projet. Pour ce faire, Le Père Créateur montre à ABIDICE tous les avantages à être copropriétaire de la création terrestre, qu'il s'apprête à concevoir. C'est ainsi, qu'il propose, à ABIDICE de garder la propriété de la terre qu'il utilisera dans la création terrestre. ABA LAGÔ garantit même à ABIDICE que sa terre gagnera en valeur pendant la vie des créatures terrestres. En effet, tous les déchets notamments les matières mortes des plantes, les escréments des animaux et des humains, redeviennent de la terre en se décomposant. Les créatures terrestres produisent par conséquent de la terre durant leur vie. Cette terre représente l'intérêt de la terre d'ABIDICE dans la création terrestre. En clair, ABA LAGÔ propose à ABIDICE de lui prêter la terre, pour en récolter des interêts au lieu de la lui vendre.
Ensuite, Le Père Créateur propose à ABIDICE de partager avec lui, l'autorité qu'il a sur la création terrestre. ABIDICE aura comme lui, le droit de vie et de mort, sur chaque créature, pour lever ses craintes, de voir sa terre être utilisée à des fins maléfiques, par les esprits repentants qui s'y incarneront.
Enfin, ABA LAGÔ garantit à ABIDICE que sa terre lui sera restituée, chaque fois qu'une créature aura épuisé sa durée de vie terrestre. ABIDICE récupèrera sa mise quelle que soit l'issue de la mission terrestre de la créature.
Les propositions d'ABA LAGÔ font comprendre à ABIDICE, qu'il a tout à gagner dans l'affaire. Non seulement il garde son droit de propriété sur sa terre, qui lui reviendra bonifiée, mais il partage avec ABA LAGÔ le droit de propriété sur la création terrestre.
C'est pourquoi, le Djlêma 54, nous dit que Guédi ABIDICE accepta l'offre du Père Créateur.
ABA LAGÔ a atteint son but de créer un univers dans lequel les

C : Cantique
L : Lexique

esprits repentants pourraient guérir du mal, pour le rejoindre à LAGODOU, après leur vie terrestre.
Le Djlêma 55 nous dit à ce sujet, qu'ABA LAGÔ créa les cieux terrestres puis, GNIANSÔWLOUA GBAMLA DODO, La Planète Terre, qui, au nom de Guédi ABIDICE, administre avec lui, la vie terrestre des créatures, à elle confié.
Gnian BAGUÊ HGLONHYO nous révèle dans ce djlêma, que **Guédi ABIDICE a délégué le droit DIVIN de copropriété qu'il a sur la création terrestre, à GNIANSÔWLOUA GBAMLA DODO, La Planète Terre.**
ABA LAGÔ a créé La Planète Terre mais GBAMLA DODO appartient a Guédi ABIDICE. C'est pourquoi, La Terre a sur la création terrestre, les mêmes pouvoirs que Guédi ABIDICE a sur toute matière. C'est au nom de Guédi ABIDICE, que La Planète Terre héberge la création pour le raffinement dans le bien, des esprits repentants qui incarnent chacune des créatures. La Planète Terre est investie de la pleine autorité dans la gestion quotidienne des créatures qu'elle héberge (C1). C'est pourquoi Gnian BAGUÊ HGLONHYO nous enseigne qu'ABA LAGÔ est notre Père Créateur et GNIANSÔWLOUA GBAMLA DODO, La Planète Terre, notre Mère Nourricière. La Fille Bien-Aimée du DIVIN, invite l'humanité à prier autant ABA LAGÔ pour l'avoir créée que GBAMLA DODO, La Planète Terre, à laquelle elle appartient (C2). Elle invite les hommes de foi à confier leurs besoins à La Terre car Le Père Créateur se charge de leurs difficultés (C3).
Gnian BAGUÊ HGLONHYO nous révèle que c'est au moment où les jours se séparent, à l'heure du chant du coq de pagode, qui est la période où il ne fait ni nuit ni jour, que GBAMLA DODO et ABA LAGÔ, se rencontrent quotidiennement pour juger la création. A cette occasion, la Terre rend témoignage de la vie quotidienne de chaque créature au Père Créateur. En réponse, elle reçoit les jugements en bénédictions et en malédictions, que le Père Créature proclame sur chaque cas pour exécution (C4).
NWAWLÊTCHIHGLON (L40), enseigne par conséquent aux hommes de foi, de prier La Planète Terre afin qu'elle intercède auprès d'ABA

C : Cantique
L : Lexique

LAGÔ, en leur faveur pour qu'il leur donne la longévité(C5). C'est pourquoi dans la religion DEHIMA, les chargés de prières notamment les prédicateurs, les Dehyimabas et les Powabas, ont l'obligation de se réveiller tous les jours, dès le chant du coq de pagode, pour prier en faveur de l'humanité (C6).
Dehyimagnon, ton corps est la première paroisse dont tu es le prédicateur principal. Tu dois par conséquent faire l'effort, de te lever, tous les jours avant le jugement cosmique, qui se tient quotidiennement entre la quatrième et la cinquième heure du matin,dès le chant du coq, pour soumettre tes doléances quotidiennes aux acteurs, notamment La Terre, afin qu'elle y intercède pour toi. Tu as l'obligation de te reveiller pour accompagner le clergé dans les prières qu'il dit en ta faveur (C7).
En effet, à partir du lever du jour, GBAMLA DODO est responsable de la vie quotidienne des créatures. C'est elle qui donne à chacune, la bénédiction ou la malédiction proclamée sur elle par ABA LAGÔ, pendant le jugement. Rien de ce que les créatures terrestres entreprennent, n'échappe à GBAMLA DODO. La Terre sait tout ce que les créatures terrestres pensent, disent et font. La Terre transmet toutes les informations qu'elle recueille quotidiennement, Au Père Créateur pendant le jugement cosmique pour décision. Par conséquent, Gnian BAGUÊ HGLONHYO nous enseigne de prier ABA LAGÔ et GBAMLA DODO, quels que soient les bonheurs ou les malheurs qui jalonnent nos vies, car ils sont issus des justes décisions du jugement cosmique dont ils sont les acteurs (C8).
Gnian BAGUÊ HGLONHYO nous dit que la Terre pleure, parce qu'elle est affligée par nos péchés. Pour l'apaiser, LOBOGLOUHGLON (L41), nous demande de nous purifier par une confession sincère qui commence par la destruction de nos fétiches et des canaris maléfiques que nous avons enterrés (C9).
Gnian BAGUÊ HGLONHYO, nous dit que La Terre parle difficilement car elle bégaie (C10). Mais quand elle parle, c'est toujours dans un grand bruit (C11). La Terre nous avertit toujours du châtiment qui nous attend, avant d'agir. La Terre ne châtie pas dans le secret mais

C : Cantique
L : Lexique

publiquement. Quoi que tu commettes comme péché dans le secret, La Terre finira par le révéler au grand jour, à ton entourage, quel que soit le temps que cela prendra.
La Terre nous demande de ne point gaspiller ses ressources, en tuant les animaux que nous ne mangeons pas, en récoltant les fruits que nous n'allons pas consommer et en défrichant les forêts que nous n'allons pas exploiter.
La Terre nous invite à ne pas polluer ni surexploiter les eaux.
La Terre invite les créatures à vivre en harmonie avec la nature par un usage modéré des ressources naturelles, qu'elles soient aériennes, forestières, minières ou maritimes.
La Terre invite les créatures à ne pas la maltraiter en la polluant.
La Terre invite les créatures à vivre dans des endroits salubres et propres.
La Terre dit de ne pas faire du mal à son prochain.
La Terre nous demande de ne pas la souiller avec le sang de notre semblable.
La Terre interdit l'usage des fétiches, l'enterrement des canaries maléfique et les rapports sexuels en dehors de nos maisons, dans la nature.
La Terre interdit aux hommes le cannibalisme sous toutes ses formes, que ce soit matériellement ou spirituellement par la sorcellerie.

Bêlié, Bêwlin, l'humanité a souillé La Terre de sang innocents notamment celui Du Christ JESUS, Le Premier Fils du DIVIN. Ces crimes constituent pour l'humanité des péchés graves qui appellent sur elle, les pires malédictions et la mort. Aussi, pour s'en démarquer, Le Père Créateur exige-t-il, que les hommes se rassemblent tous les vendredis au pied de la croix, pour confesser leurs péchés (C12).
La terre exige que le vendredi, jour de la crucifixion Du Christ JESUS, les hommes évitent de couler le sang, en se privant de la consommation de la chaire de tous les animaux terrestres notamment les mammifères, les reptiles et les oiseaux.
La Terre décrète que le vendredi est un jour de non violence absolue
C : Cantique
L : Lexique

pour tous les hommes, qui doivent pardonner, toutes les offenses qu'ils subiront comme le fit JESUS avant de rendre l'esprit.
La Terre exige qu'aucun homme n'agresse la nature de quelle que manière, que se soit le vendredi.
Le culte d'adoration Du Christ JESUS, qui se pratique le vendredi, consacre d'abord notre réconciliation avec GBAMLA DODO, La Planète Terre. Par la confession sincère des péchés, l'humanité doit préalablement se démarquer du diable pour prier JESUS, Le Premier Fils du DIVIN. C'est l'alliance de la croix, qui se juxtapose à celle de la loi, pour préserver l'humanité de la destruction.
La Terre nous dit de méditer avant de parler, car elle est incontournable lorsqu'arrive le jour de la mort (C13).
La Terre jugera nos bouches en pesant chaque mot que notre langue aura prononcé. Et ce sera pareil pour chaque partie de notre corps. En effet, c'est avec l'accord de la Terre qu'une âme est rappelée au Père (C14). D'ailleurs, aucune âme ne descend ou ne remonte sans l'accord préalable de GBAMLA DODO, La Terre.

Bêlié, Bêwlin, l'évangile de Guédi ABIDICE consacre l'accord entre ABA LAGÔ et Guédi ABIDICE. Cet accord est en réalité le mariage cosmique originel par lequel ABA LAGÔ, Le Père Créateur, acquiert à son avantage, de Guédi ABIDICE, Le Père des terres, le droit d'épouser, ses filles,dont la communauté constitue GNIANSÔWLOUA GBAMLA DODO, La Mère Nourricière des créatures terrestres.
Gnian BAGUÊ HGLONHYO nous a en effet révélé que les résidus de terre que le commis a rapportées à ABA LAGÔ ont chacun un nom qui les identifie clairement: - --
-Le résidu de terre blanche, Efinda est la mère de la race blanche
- Le résidu de terre rouge, Djamatlipa est la mère de la race jaune
-Le résidu de terre noire, Djamatliki est la mère de la race noire
GBAMLA DODO est la communauté matricielle dans laquelle les épouses d'ABA LAGÔ fusionnent pour lui fournir l'énergie matérielle indispensable à la création terrestre.
GBAMLA DODO, La Planète Terre n'est par conséquent pas qu'un
C : Cantique
L : Lexique

amas de matières sans vie mais un être vivant foisonnant d'une vie qu'elle gère généreusement au profit de chacune des créatures qu'elle héberge.
La Planète Terre est l'hôte de la vie terrestre.
La Planète Terre est l'hôte de toutes les créatures terrestres.
La Planète Terre qui nous héberge est bien plus qu'une simple créature.
La Planète Terre, est l'Epouse par laquelle Le Père Créateur a engendré la création!
La Planète Terre est La Mère Nourricière de la création.
La planète Terre, L'Epouse du Père Créateur, La Mère Nourricière, est une DIVINITE bienfaisante, aux dimensions mulptiples que Gnian BAGUÊ HGLONHYO nous révéla, à travers ses différents noms:
GNIANSÔWLOUA GBAMLA DODO : La Terre Notre Mère Nourricière.
DODO DLAFOUÊLIGNON : La Terre notre témoin
DODO HBA ZÊLI : La Terre qu'on invoque pour notre miséricorde et notre bénédiction.
DODO GUITI: La Terre réactionnaire justicière
DODO PELIE : La Terre généreuse aussi bien en bénédictions qu'en malédictions.
DODO HBLIKI : La Terre qui est fidèle à sa parole
DODO ZIKOU : La Terre détentrice du pouvoir

Bêlié, Bêwlin, GNIANSÔWLOUA GBAMLA DODO, La Planète Terre mérite par conséquent tout notre respect et toute notre considération. La Planète Terre est une DIVINITE qui mérite le respect et la reconnaissance de tous les esprits repentants qui incarnent la création terrestre notamment l'humanité. En effet, c'est elle qui en sa qualité de Mère, leur a fait don d'une vie qui leur donne la chance de se purifier du péché, pour regagner les cieux DIVINS en tant qu'esprits saints. C'est grâce à elle que les esprits maléfiques qu'ils sont, renaîtront dans le bien! C'est grâce à La Terre que les esprits saints multiplient le bien dans la création, en aidant les esprits

C : Cantique
L : Lexique

repentants à retrouver le chemin du salut.
La Planète Terre est une DIVINITE, c'est-à-dire une créature avec des attributs DIVINS. Elle mérite l'adoration de toutes les créatures, qui l'abritent car elle est La Mère de la création.
En effet, le mariage cosmique d'ABA LAGÔ et de GBAMLA DODO, La Planète Terre atteste l'existence de La Famille Cosmique composée des membres suivants :
Le Père Cosmique: ABA LAGÔ
La Mère Cosmique: GBAMLA DODO, La Planète Terre.
Les enfants Cosmiques: Les créatures c'est-à-dire les matières terrestres, les plantes, les animaux et les humains.
Aussi pour maintenir l'équilibre cosmique de la création terrestre, les enfants cosmiques doivent t-ils vivre dans le strict respect des normes établies par Le Père et La Mère cosmiques.

Bélié, Bêwlin, la famille humaine doit fonctionner selon les normes de La Famille Cosmique.
La Famille Cosmique naît du mariage cosmique. Le mariage cosmique naît du besoin d'ABA LAGÔ d'avoir de la terre pour équilibrer la création par la purification des esprits repentants.
Tout besoin naît d'un manque.
La faim est un besoin qui naît du manque des éléments nutritifs dans l'organisme.
La soif est un besoin qui naît du manque d'eau dans le corps.
De même le mariage est un besoin qui naît de l'insuffisance d'énergie féminine et masculine pour équilibrer les vies de l'homme et de la femme, à un moment donné. Lorsque ce besoin se fait sentir, l'homme sent qu'il y a dans sa vie un vide qu'il lui faut absolument combler par la présence constante d'une femme. Lorsque ce besoin se fait sentir, la femme sent en elle, le besoin d'appartenir pour toujours à un homme. Qu'il soit monogame ou polygame, le mariage

C : Cantique
L : Lexique

demeure le rapport d'équilibre énergétique dans les vies des conjoints. De sorte les énergies des femmes fusionneront pour fournir à l'homme, l'énergie feminine indispensable à son équilibre spirituel. C'est ainsi que les résidus de terres noire, blanche et rouge, fusionnent en GBAMLA DODO, la parfaite pour fournir Au Père Créateur la matière indispensable à la créatiion terrestre.

C'est le besoin d'équilibrer la création qui donna à ABA LAGÔ toute la détermination qui lui permit d'avoir les terres de Guédi ABIDICE.

De même, il y en tout humain une source créatrice mâle et une source créatrice femelle. La source créatrice mâle est dominante chez les hommes tandis que la source créatrice femelle domine chez les femmes. Le fait est que les sources créatrices doivent être équilibrées pour fournir à chaque créature l'energie créatrice indispensable à son équilibre spirituel. C'est le besoin de combler son déficit en énergie féminine qui pousse à un moment donné l'homme, à tout mettre en œuvre pour avoir une compagne de vie. C'est également le besoin de combler son déficit en énergie mâle qui dispose la femme à accepter d'être l'épouse d'un homme.

Le mariage est un besoin dans la création et non un luxe ou une faveur.

C'est ABA LAGÔ qui a pris l'initiative d'avoir des terres dont il avait besoin. Le besoin de mariage est généralement satisfait à l'initiative de l'homme.

Le mariage d'ABA LAGÔ, et de GBAMA DODO fut scellé par l'accord entre ABA LAGÔ, Le Père Originel et Guédi ABIDICE, Le Père des Terres. Une fois que la promise est clairement identifiée, le mariage doit être scellé par les pères des conjoints. C'est par conséquent l'accord entre le père du conjoint et le père de la conjointe qui scelle le mariage entre un homme et une femme. En dehors de cet accord parental, il n'y a pas de mariage qui au passage, ne consacre que l'union d'un pôle mâle et d'un pôle femelle. Tout mariage scellé sans l'accord des pères ou consacrant l'union de deux hommes ou de deux femmes, viole l'équilibre cosmique !

Le mariage cosmique maintient GBAMLA DODO dans sa famille originelle. C'est pourquoi elle reste la propriété de son Père Guédi ABIDICE. Elle est cependant désormais à l'entière disposition de son Epoux, ABA LAGÔ. L'accord des parents ne consacrent nullement la vente de la conjointe à la famille de son époux. Le mariage ne brise pas le lien filial qui unit Le Père de la conjointe à sa fille. Cependant pour le bon et le moins bon, la femme restera à l'entière disposition de son époux jusqu'à la fin de ses jours. La terre retournant à la Terre, le corps de la conjointe retournera à sa famille, une fois qu'elle aura rendu l'esprit. C'est ce principe cosmique qui explique l'enterrement de Gnian BAGUÊ HGLONHYO à Gagoué, le village son père et non à Souamanin, son village marital ou à Nyambézaria, le village où elle rendit l'esprit.

ABA LAGÔ a reçu des résidus de terres à partir desquels il fait de GBAMALA DODO, La Planète Terre, la plus belle des œuvres.

L'homme reçoit en mariage une femme avec des défauts intérieurs ou extérieurs. Une fois marié, l'homme a l'obligation de veiller à ce que sa femme soit la plus épanouie. L'homme doit façonner spirituellement et physiquement son épouse de telle sorte qu'elle s'épanouisse dans tous les domaines de sa vie. La femme est pour l'homme un résidu de terre qu'il doit façonner à la perfection en lui donnant les valeurs de la beauté physique et spirituelle.

ABA LAGÔ et GBAMLA DODO se parlent quotidiennement dans le secret de l'aurore pour prendre les décisions concernant la famille notamment les enfants cosmiques. Le prophète WAZOKUE nous révèle à ce sujet que GBAMLA DODO s'opposa à ce qu'ABA LAGÔ fît descendre TIMITI AKA(L42) sans que les hommes ne se fussent préalablement purifiés. ABA LAGÔ et GBAMLA DODO s'accordent avant toute entreprise. ABA LAGÔ en sa qualité de chef de famille

C : Cantique

L : Lexique

décide en tenant compte des propositions, des inquiétudes et des objections de GBAMLA DODO. C'est le principe du charisme bienfaisant qui garantit la stabilité éternel du couple cosmique et de la création terrestre.

Il n'y a jamais de divergence publique entre ABA LAGÔ et GBAMLA DODO. Les conjoints doivent s'entretenir quotiennement sur la vie familliale. Ils doivent dans le secret du lit conjugal harmoniser les décisions qu'ils doivent prendre notamment en ce qui concerne les enfants. Ces décisions communes qui effacent tout secret entre eux, sont prises après des échanges constructifs. La femme en sa qualité de responsable de la maison rend compte de tout ce qui s'y passe à l'époux afin qu'il prenne les décisions appropriées. L'homme doit impérativement tenir compte des avis de la femme dans ses décisions car c'est elle qui les exécutera. Le couple doit regler toutes ses divergences dans le secret du lit conjugal. De sorte que pour le monde extérieur, l'époux et l'épouse parlent de la même voix. Les conjoints ne doivent jamais afficher leur divergence, aussi atomique soit-elle, en public, quelle qu'en soit la raison. L'homme décide et agit dans le secret. La femme exécute publiquement la volonté de son homme. L'époux est la puissance invisible de la famille. L'épouse est la manifestation visible de ce pouvoir. L'homme est la force intérieure de la famille. La femme est la force agissante de la famille. ABA LAGÔ échange avec GBAMLA DODO pour régler toute divergence. ABA LAGÔ ne brutalise pas GBAMLA DODO. L'homme doit parler à sa femme dans le secret du lit conjugal, en cas de divergence, pour toujours prendre des décisions harmonieuse en faveur de la famille. L'homme n'a pas le droit de brutaliser sa femme, quelle qu'en soit la raison. L'homme n'a pas le droit de battre sa femme. Il doit éduquer sa femme, en lui manifestant tout le respect dû à l'autorité qu'elle incarne dans la famille. L'homme ne doit jamais humilier ou battre sa femme en privé comme en public surtout

C : Cantique
L : Lexique

devant les enfants.

ABA LAGÔ ho mon gagné ! GBAMLA DODO ho mon signé **! ABA LAGÔ l'emporte et GBAMLA DODO entérine**. Comme La Terre, l'épouse doit manifester à son époux une soumission à toute épreuve. Aussi en cas de divergence manifeste, doit-elle laisser l'homme l'emporter en enterinant sa décision. La femme ne doit jamais manifester de la défiance à son homme en lui affichant une violence verbale ou physique. Cette soumission de la femme à son homme n'est pas une faiblesse mais sa plus grande force. Les échanges dans le couple n'ont pas pour but de donner raison à qui que se soit. La communication dans le couple n'est pas une compétition d'intelligence ou de pouvoir. L'époux échange toujours avec son épouse pour que le couple vive en paix. La soumission de la femme est le sacrifice qu'elle fait en faveur de la paix. La tolérance est le sacrifice de l'homme en faveur de la paix dans le couple. En tout état de cause, ABA LAGÔ est fidèle aux personnes de vérité. Il impose toujours la vérité à ceux qui refusent de l'accepter honnêtement et librement. ABA LAGÔ élève les humbles et rabaisse les orgueilleux. La conjointe soumise et l'époux tolérant seront les supports des grappes de bénédictions qui inonderont leur famille.

ABA LAGÔ et GBAMLA DODO sont unis par un Amour DIVIN bienfaisant éternel. De même l'homme et la femme doivent se manifester un Amour DIVIN indestructible qui leur évite de se faire du mal, de quelle que façon que ce soit. Une fois scellé, le mariage ne peut êre rompu quel qu'en soit la raison. Les conjoints doivent par conséquent faire prévaloir les valeurs de l'Amour DIVIN en toute circonstance notamment la foi, le respect, la temprérance, la vérité, la générosité, la sanctification, la sobriété, la liberté, le courage, le pardon, la bonté et l'humilité.

C'est dans le secret qu'ABA LAGÔ et GBAMLA DODO engendrent les enfants cosmiques. Les roches, les plantes, les animaux et les

C : Cantique

L : Lexique

humains, sont conçus loin des regards étrangers Au Père Créateur et à La Mère Nourricière. C'est par conséquent dans le secret du lit conjugal que doivent être conçus les enfants. Le couple doit éviter de vivre son intimité dans les lieux publiques ou dans la nature. Le couple doit éviter d'exposer ses projets en public.

ABA LAGÔ nous a créés mais nous appartenons à la Terre. L'homme est le chef de la famille. Mais les enfants appartiennent à la femme. l'homme est responsable de la femme. La femme est responsable des enfants. L'homme donne à la femme les moyens dont elle a besoin pour le bien-être des enfants. C'est la femme qui transmet aux enfants les volontés du Père. La femme éduque les enfants selon les normes de l'homme. La mère récompense ou châtie les enfants selon la volonté du père. La mère gère quotidiennement les enfants en exécutant les décisions du père. C'est pourquoi elle lui rend quotidiennement compte de la vie familiale. Le Père n'intervient dans la vie des enfants qu'en cas de difficulté manifeste avec l'accord de la mère. Les enfants ne perçoivent le père que par les œuvres de la mère. Le père ne vient directement aux enfants que par la volonté de la mère. Aux yeux des enfants, le père et la mère ne font qu'un.

C'est ainsi que les créatures terrestres ne perçoivent Le Père Créateur qu'à travers les bienfaits de La Mère Nourricière. Tout ce que La Terre offre aux créatures vient Du Père. Aux yeux des créatures, ABA LAGÔ et GBAMLA DODO ne font qu'un !

Le « LAGÔ TÊTÊ GALEYOUA »(L43) procclame par conséquent qu'ABA LAGÔ et GBAMLA DODO sont égaux !

Aux yeux des enfants, le père et la mère doivent être égaux ! Le principe spirituel qui veut qu'un enfant mâle ait plus de valeur dans la famille que toutes les femmes notamment sa mère est une aberration qui viole les normes cosmiques !

Tout enfant doit un respect absolu autant à son père qu'à sa mère.

Les enfants doivent manifester aussi bien à leur Père qu'à leur Mère,

C : Cantique

L : Lexique

la même soumission, le même respect voire la même vénération ! La Mère est la première manifestation du Père chez l'enfant. GNIANSÔWLOUA GBAMLA DODO, La Planète Terre est la première manifestation d'ABA LAGÔ chez les créatures.
Ceci est malheureusement choquant pour certaines spiritualités, dans lesquelles l'adoration revient au seul Père Créateur. Ces spiritualités incomplètes ignorent qu'en plus du Père, du Fils et du Saint Esprit, il y a La Mère Nourricière c'est-à-dire La Planète Terre, qui mérite toute notre adoration. Ce sont ces mêmes spiritualités qui enseignent le respect de l'autorité paternelle et des fils dans le mépris de l'autorité maternelle. Ce sont les religions qui prônent le mépris de la femme dans la société! Ce sont ces religions perverties qui enseignent les aberrations spirituelles qui veulent qu'un enfant mâle ait plus d'importance dans la famille que la mère qui l'a engendré !
Ce sont les spiritualités qui tolèrent, justifient et encouragent les pires pollutions au nom de la primauté du règne humain sur le reste de la création.
Ce sont les spiritualités déséquilibrées qui produisent des fidèles fanatisés prêts à faire du mal aux autres, en prétendant faire la volonté DIVINE.
Quiconque prétend aimer un père dans le mépris de la mère qui l'accompagne se trompe lui-même. Il sera aux yeux du père qu'il dit respecter, une abomination !
La Planète Terre est la Mère Originelle de la création terrestre.
Quiconque viole ses lois, afflige sa mère!
Quiconque croit adorer Le Père Créateur en la méprisant, est et sera toujours, une abomination pour le Père Créateur !
La malédiction sera sa fidèle compagne !
Qu'on ne s'y trompe pas !
Quiconque offense La Terre, offense Le DIVIN ! (C15)
C : Cantique
L : Lexique

La véritable adoration du Père Créateur, se pratique par conséquent, dans la manifestation de l'Amour à La Planète Terre, La Mère Nourricière de toute la création. Celui qui voit en la Terre, la gloire du DIVIN, verra la gloire DIVINE en chacun des éléments de la création. Il répandra l'Amour DIVIN naturellement autour de lui.
Oui ! Adorons ABA LAGÔ, l'invisible par la foi en sa parole.
Oui ! Adorons La Planète Terre, la visible, en lui retournant l'Amour DIVIN, qu'elle manifeste à l'ensemble de la création.
Sachons que nul ne peut adresser au Père Créateur un culte parfait dans le mépris de La Terre, La Mère qui l'accompagne dans sa mission de donner le salut aux esprits repentants.

Bêlié, Bêwlin, l'évangile nous révèle que Guédi ABIDICE avait trois types de terres : les terres brutes, les terres raffinées et les résidus de terres. Ces terres sont en réalité les enfants du Pères des terres.
Ces terres sont en réalité les trois types d'enfants qu'un père a sous sa responsabilté:
- Les terres brutes : Les enfants mineurs qu'il doit rafiner en leur inculquant les valeurs de l'Amour DIVIN à travers une éducation de qualité.
- Les terres rafinées : Les enfants majeurs qui vivent dans le respect des valeurs qu'ils ont reçues de leur père. Les enfants sur qui le père compte pour l'avenir de la famille.
Les résidus de terres : Les enfants majeurs que le père méprise généralement parce qu'eux-mêmes le méprisent et le défient constamment. Les enfants qui n'ont aucune utilité aux yeux du père.
Guédi ABIDICE a afffirmé son droit paternel sur les résidus de terres à ABA LAGÔ. Dehyimagnon ta responsabilité de père commence à la naissance de ton enfant et s'achève à sa mort. On est le père d'un enfant aussi longtemps qu'il est en vie. Et si l'implication d'un père dans la vie de son enfant décroît au fil de sa maturité physique, elle

C : Cantique
L : Lexique

ne saurait en aucun cas être interrompue. La responsabilité est la vérité du père et de son enfant, aussi longtemps qu'ils seront en vie. Un père peut être déçu des choix de son enfant mais il ne doit jamais l'abandonner en le rejetant. Le père doit toujours être disponible pour mener son enfant sur le chemin du salut. Le père doit tout mettre en œuvre pour honorer l'engagement qu'il a pris devant ABA LAGÔ d'aider l'esprit repentant qu'est son enfant, à retrouver le chemin du salut. Le père est l'esprit DIVIN de la famille. La mère est sa messagère vis-à-vis des enfants. Ce sont les valeurs du père que la mère transmet aux enfants. Le père doit au péril de sa vie tout mettre en œuvre pour sauver son enfant de tous les dangers y compris de lui-même. Il est certes légitime pour un père d'observer un enfant rebelle de loin. Il doit cependant intervenir pour l'aider chaque fois que l'enfant à besoin de lui. ABIDICE a revendiqué la parternité des résidus de terre. Mieux, sans y avoir été invité, il a mené avec ABA LAGÔ les discussions qui ont donné au mariage de ses filles, la légitimité indispensable à leurs bénédictions. C'est pourquoi nous t'invitons, toi le père d'un résidu de terre, à pardonner à ton enfant. C'est pourquoi nous t'invitons, toi,le père, d'un résidu de terre, à renouer avec l'enfant que tu as renié quel que soit la gravité de sa faute. Le lien filial qui vous unit ne s'est pas interrompu parce que vous ne vous parlez plus ! Le lien filial qui vous uni ne s'est pas rompu parce que vous ne vous voyez plus ! Ton abandon est un aveu d'impuissance. Ton rejet est une démission et non la solution aux mauvais choix de vie de cet enfant pour qui tu était prêt à donner ta vie lorsqu'il était bébé. Tu peux éloigner l'enfant recalcitrant mais ne lui tourne jamais le dos. Tu peux laisser l'enfant rebelle s'éloigner de toi mais ne lui ferme jamais la route de ton cœur miséricordieux. Qu'il soit incrédule, convoiteur, menteur, coléreux, cupide, impur, gourmand, méchant, lâche, violent, orgueilleux, ton enfant demeure ton enfant. Qu'il soit homosexuel,

C : Cantique
L : Lexique

braqueur, prostitué, drogué, ivrogne,... ton enfant demeure ton enfant. C'est ta responsabilité de faire de lui une personne meilleure quel que soit son âge. Le père éduque toujours son enfant même si sa strategie évolue avec son âge. C'est ta responsabilité de purifier la vie de ton enfant de toutes les souillures qui entravent son élévation dans l'Amour DIVIN. Père, lève-toi et va exiger que le conjoint de ta fille régularise sa situation en s'acquittant de la dot. C'est ta responsabilité devant ABA LAGÔ, de marier ta fille pour que son mariage, sa famille soient bénis, quelle que soit la nature de votre relation. ABA LAGÔ condamne le péché mais aime le pécheur. C'est pourquoi il a pour lui un cœur miséricordieux. De même tu dois manifester à ton enfant, l'amour paternel à tout épreuve en le soutenant dans ses bonnes résolutions et en l'aidant à se sauver des mauvais choix de vie qu'il fera.

L'évangile nous révèle que c'est par les résidus de terres qu'ABIDICE a bonifié sa terre par leur mariage avec ABA LAGÔ. De même la bénédiction peut visiter la famille aussi bien par les terres rafinées que par les résidus de terres. C'est pourquoi nous ne devons pas rejeter les enfants quels que soient leurs défauts. Du pire peut en effet, jaillir le bien et même le meilleur !

La paternité est un sacerdoce au même titre que la maternité. Dehyimagnon, sache que tout parent qui par négligence, intolérance, colère ou méchanceté, abandonne son enfant à la merci du péché, partagera avec lui les malédictions que ce péché appellera sur sa vie. C'est un parent démissionnaire qu'ABA LAGÔ ne laissera pas impuni. Sois un parent responsable et sauve ton enfant du péché afin qu'ABA LAGÔ te bénisse à travers lui.

Ceci n'est pas une invitation à un laxisme qui ferme les yeux sur les travers des enfants. Ceci est une invitation au sens de responsabilité qui accompagne le statut du parent. Eduquer un enfant ce n'est pas lui régler ses comptes quand il quitte le droit le chemin mais le lui

C : Cantique

L : Lexique

indiquer par le langage qu'il peut comprendre.
E tèti hgéni agnin kou Gnian BAGUÊ HGLONHYO a hglin mou E koou sê !
(Que la force soit notre partage au nom de Gnian BAGUÊ HGLONHYO !)

Yrouzôkougnoagnin(L44), prenez garde. La Terre est un être DIVIN certes généreux et aimant. Mais si vous n'arrêtez pas de l'affliger par vos pollutions, vos gaspillages, votre méchanceté et vos crimes, elle se défendra. Son châtiment sera une catastrophe pour l'ensemble de la création surtout pour vous les hommes !
Regardez, elle a juste frisonné que vous criez déjà !
« Changements climatiques », « glissements de terrain », « tremblements de terre », « épidemies », ne sont que des mots et expressions politiques pour définir une seule réalité : La réaction mésurée de La Terre à vos abus ! Il est encore temps de se rassaisir, avant qu'il ne soit trop tard ! Prenons garde, sinon la création vivra un huitième jour précoce, terrible et brutale:
Ce jour sombre où GBAMLA DODO criera à Guédi ABIDICE : «Assez!»
Ce jour sombre où Guédi ABIDICE criera à ABA LAGÔ :« Assez !»
Ce jour triste où ABA LAGÔ se contentera de répondre: « E kou sê tê! » c'est-à-dire « Amen ! ».
Ce jour sombre frappa la création au temps du Prophète Nouan.
Ce jour sombre auquel l'humanité échappa suite à l'assassina du Christ JESUS, marquera la fin précoce de la création notamment l'humanité, qui aura été condamnée à la peine capitale par Le Tribunal Cosmique. Ce jour est en route. Il vient à nous à vive allure car le mal domine de plus en plus La Terre. Nous pouvons l'éloigner en manifestant à La Terre et à l'ensemble de la création l'Amour DIVIN qu'ils méritent !

C : Cantique
L : Lexique

ABA LAGÔ a hgazé hgéni agnin kou Gnian BAGUÊ HGLONHYO a hglin mou E kou sê !
(Que la miséricorde d'ABA LAGÔ soit sur nous au nom de Gnian BAGUÊ HGLONHYO !)

Bêlié, Bêwlin, Gnian BAGUÊ HGLONHYO, nous révèle également dans l'évangile de Guédi ABIDICE, que le fait d'être le porteur d'un projet, ne nous donne pas un droit absolu sur ce projet. Le responsable d'une mission n'est que l'animateur, qui permettra à tous les autres de partager ses bienfaits. Il doit savoir rassembler autour de son projet, toutes les ressources indispensables à son succès. Il doit pouvoir rassembler toutes les compétences et tous les moyens, dont il a besoin pour réussir sa mission.
C'est ce qu'on appelle le charisme.
Contrairement à ce qui est répandu, le charisme ne consiste pas à conduire son projet avec une autorité absolue. **Le charisme c'est la détermination qui permet à tout leader de fédérer toutes les forces qui lui permettront de conduire sa mission au succès**. Le charisme bienfaisant implique plus de diplomatie que d'autorité.
C'est pourquoi un leader charismatique doit savoir plus négocier qu'ordonner.
Un leader charismatique doit savoir mener une discussion productive s'il veut atteindre son but.
Le leader charismatique ne négocie pas pour tordre le bras à l'autre, en le contraignant à faire ce qu'il veut.
Le leader charismatique négocie pour amener tout le monde, les réticents y compris, à comprendre l'intérêt de participer à son projet.
Le leader charismatique ne négocie pas comme DEVLO, qui veut tout pour lui et rien pour les autres. Il négocie comme ABA LAGÔ qui veut le bien pour tout le monde.
Le leader charismatique ne doit pas concentrer entre ses mains tous

C : Cantique
L : Lexique

les pouvoirs, s'il veut réussir sa mission. Il doit savoir en déléguer et quelque fois, s'en dépouiller, si la réussite de la mission l'exige.
Parce qu'il veut le bien pour tout le monde, le leader charismatique n'impose jamais ses idées dans le mal de la violence, de l'intimidation, de la corruption et de la manipulation. Il partage ses idées dans la persuasion par le bien qui permet même aux plus réticents, de comprendre l'intérêt qu'ils ont, à l'aider à réussir son projet.
Parce qu'il veut le bien pour tout le monde, le leader charismatique est prêt à faire des concessions indispensables, à la réalisation de son projet.
Parce qu'il veut le bien pour tout le monde, le leader charismatique est prêt à partager le droit de propriété absolu, qu'il a sur son projet ainsi que les bénéfices qu'il en tirera, avec quiconque peut l'aider à le réaliser.
Parce qu'il sait que c'est dans la solidarité que les grands projets se matérialisent, le leader charismatique est prêt à impliquer toutes les personnes dont il a besoin, dans la réalisation de son projet.
C'est le charisme bienfaisant d'ABA LAGÔ qui lui a permis d'avoir à sa disposition un messager dévoué à sa cause.
C'est également cette qualité qui lui a permis de persuader Guédi ABIDICE, de lui donner la terre dont il avait besoin, pour façonner la création terrestre.
C'est le charisme bienfaisant de JESUS qui lui a permis de convaincre même les plus incrédules qu'il est le fils d'ABA LAGÔ.
C'est le charisme bienfaisant de Gnian BAGUÊ HGLONHYO qui lui a permis de persuader le gouverneur Péchoux, le colon qui voulait pourtant l'arrêter, de lui fournir l'autorisation, de faire la propagande de la religion DEHYIMA, en toute liberté.
Bêlié, Bêwlin, malgré l'autorité absolue qu'il a sur tous les esprits qui émanent de lui, ABA LAGÔ a fait recourt à son charisme bienfaisant,

C : Cantique
L : Lexique

pour amener Guédi ABIDICE, à comprendre l'intérêt qu'il avait à l'aider à créer la vie terrestre. ABA LAGÔ s'est associé à Guédi ABIDICE pour créer la vie terrestre.
Bêlié, Bêwlin, regardez autour de vous. Vous remarquerez que tous les grands projets, toutes les grandes organisations humanitaires, politiques, sociales, et économiques, ont été fondés par des leaders qui ont manifesté le charisme bienfaisant d'ABA LAGÔ, en faisant les concessions indispensables pour fédérer autour d'eux les ressources humaines et matérielles dont ils avaient besoin. Le charisme bienfaisant organise les communautés humaines dans l'intérêt de chaque membre.
C'est pourquoi, les croyants que nous sommes devons être des leaders charismatiques bienfaisants et non des tyrans dans la gestion des différents pouvoirs que Le Père Créateur nous confie. Nous devons accepter de partager avec les autres, tous les bienfaits de nos projets, si nous voulons les voir prospérer.

Bêlié, Bêwlin, l'évangile du Prophète ABIDICE nous enseigne que **la terre qui abrite notre vie et habille les âmes vivantes que nous sommes, nous a été prêtée, pour donner aux esprits maléfiques repentants que nous sommes la chance de guérir du mal par la vie terrestre.** Cela implique pour nous un ensemble de responsabilités, que nous devons assumer vis-à-vis de Guédi ABIDICE, son propriétaire, à travers GBAMLA DODO, La Terre.

La première consiste à entretenir correctement notre corps et notre cadre de vie. Nous avons l'obligation de vivre dans la propreté, aussi bien spirituellement que physiquement, pour qu'ABIDICE ne regrette pas de nous avoir prêté sa terre. La première qualité du croyant est d'être propre aussi bien dans sa peau que dans tout lieu qu'il occupe. Le croyant ne doit pas vivre dans la saleté et doit fuir les endroits insalubres. Le croyant doit fuir tout ce qui peut souiller son corps, qui

C : Cantique
L : Lexique

doit toujours être sain et saint.
La propreté est la porte d'entrée de la prospérité matérielle. En effet, les Money Zizi(L45) et les Lêhyri Zizi(L46) ne sont attirés que par les endroits salubres. Quiconque veut les attirer dans un lieu notamment, son corps, sa maison, son poste de travail, son entreprise ou sa plantation, doit préalablement veiller à le rendre très propre et très beau. Les lêhyri zizi sont des esprits spontanés, qui récompensent automatiquement toute personne, qui prend l'initiative de rendre un endroit propre, surtout s'il s'agit d'un endroit publique. Le croyant doit prioritairement investir dans la salubrité !
Le croyant doit bien se nourrir c'est-à-dire fournir à son corps tous les éléments minéraux et organiques dont il a besoin pour être en bon état. Le croyant doit par une alimentation et un mode de vie, sains, maintenir son corps et son environnement dans un état suffisamment propre pour en jouir aisément. Il pourra vaquer tranquillement à ses occupations, parce qu'il se sentira physiquement et spirituellement, constamment en bonne santé, car les esprits du bien-être physique, notamment les Gnamon Zizi (L47), les Dolou Zizi(L48), les Bala Zizi (L49), seront toujours en éveil autour de lui. La salubrité est l'investissement prioritaire du croyant qui veut mener une vie de prospérité en bonne santé.

La deuxième responsabilité que toutes les créatures ont à l'égard d'ABIDICE, est d'utiliser la terre qui leur est prêtée pour accomplir l'objet de leur prêt. Les créatures notamment les hommes, ont l'obligation d'utiliser la terre, dans le respect des prescriptions de son propriétaire. La terre nous a été prêtée pour nous permettre de guérir le mal qui est en nous. Nous devons par conséquent la consacrer à vivre dans le bien pour ne pas irriter son propriétaire. C'est pourquoi nous devons consacrer notre vie, à la manifestation constante des valeurs du haut instinct, notamment la foi, le respect,

C : Cantique
L : Lexique

la tempérance, la vérité, la sanctification, la sobriété, la liberté, la générosité, le courage, la bonté, le pardon et l'humilité. C'est alors qu'avec la permission d'ABIDICE, notre vie sera ouverte à toutes les bénédictions et les grâces, ainsi que la miséricorde et le salut, promis par ABA LAGÔ.

La troisième responsabilité que nous avons vis-à-vis de la terre qu'ABIDICE nous a prêtée est de veiller à la restituer en l'état.
C'est pourquoi, Gnian BAGUÊ HGLONHYO nous interdit les tatouages, les scarifications et les drogues, qui dénaturent et souillent nos corps. Les croyants doivent éviter les produits toxiques, qui éclaircissent ou noircissent la peau pour leur orgueil, ainsi que la pratique des chirurgies esthétiques, motivées par des raisons autres que leur santé. Les croyants doivent mener une vie conforme aux commandements DIVINS pour s'éviter les stress et des accidents qui causeront des dommages irréversibles à leur corps.
L'obligation de restituer la terre à Guédi ABIDICE, comporte pour tous les hommes, l'impératif de rendre le corps à la terre à la fin de la vie terrestre. C'est pourquoi Gnian BAGUÊ HGLONHYO, a enseigné aux Dehyimagnoan, de ne jamais enterrer leurs fidèles dans les cercueils. L'enterrement doit consacrer le mélange de la terre avec La Terre (C16), afin que Guédi ABIDICE puisse apprécier son matériel, avant d'autoriser le jugement de l'âme. Il faut savoir qu'avant le jugement de l'âme, il y a celui du corps qui permet à Guédi ABIDICE d'apprécier, l'usage qui en a été fait. Ce jugement a lieu dans les trois jours qui suivent l'enterrement. Sans ce jugement, JESUS aurait ressuscité le jour de sa crucifixion. C'est seulement après ce jugement que l'âme du défunt pourra être jugée dans le ciel ALADALAKOUTÖLI (L50) dans les quarante jours, qui suivent l'enterrement, pour éventuellement regagner les cieux DIVINS, si elle en est digne.

C : Cantique
L : Lexique

C'est pourquoi, les fidèles DEHIMA veillent et prient avant l'enterrement pour intercéder auprès de La Terre afin qu'elle pardonne au défunt toutes les charges négatives qui souillent le corps qui lui sera rendu.
Les dehyimagnoan veillent à nouveau après l'enterrement pour intercéder auprès Du Père Créateur afin que le jugement soit favorable à l'âme qui s'en va.
L'âme d'un corps reposant dans un cercueil patientera dans le ciel ALADALAKOUTÖLI, jusqu'à ce qu'il se décompose entièrement. Ce qui retardera son jugement.
Le cercueil est spirituellement malsain pour le défunt. D'ailleurs, quelle gloire il y a à enterrer une personne qui peinait à se nourrir et même à se soigner décemment dans un cercueil dont la valeur ne fait qu'accroître les dépenses liées à ses obsèques ? Quel est ce bon sens qui achète des choses de valeurs pour les enfouir dans la terre pendant que la famille du défunt, notamment sa femme et ses enfants, dormira dans la faim après les obsèques ?
Le cercueil n'a pas sa place dans les funérailles. Il n'est là que pour alimenter l'orgueil des vivants retardant le jugement du défunt. Il faut le proscrire dans les obsèques, car il souille la terre de notre refus de restituer à Guédi ABIDICE son bien !
Ceux qui vont à l'encontre de la volonté d'une personne à être enterrée dans le respect du Djlêma de Guédi ABIDICE, subiront immédiatement sa colère foudroyante! Beaucoup ont connu des décès précoces pour avoir violée ce principe. Si vous avez un parent dehyimagnon qui sentant sa mort vous demande de l'enterrer sans cercueil, de grâce, respectez sa parole si vous voulez vivre longtemps ! Il est impératif pour tout fidèle DEHIMA, de donner cet enseignement à sa famille afin que le moment venu, il n'y ait pas de confusions. Le rappel Au Père Créateur d'un fidèle DEHIMA doit être, une source de bénédictions pour sa famille et non une source de

C : Cantique
L : Lexique

malédictions ! Cela implique que sa famille accepte de restituer à Guédi ABIDICE, le corps du dufunt.

Bêlié, Bêwlin, soyons certains que ceux qui n'entretiennent pas la terre qui leur est prêtée en vivant en deçà du seuil tolérable de propreté et de sanctification ; ceux qui s'alimenteront en dessous du minimum requis pour leur corps ; ceux qui utiliseront leur corps au-dessus du seuil tolérable de péché, en répandant le mal en eux et autour d'eux ; ceux qui dénatureront leur corps au-dessus du tolérable...

Tous ceux qui refuseront d'assumer les responsabilités liées à la terre qui leur a été prêtée, subiront le courroux d'ABIDICE car La Planète Terre témoignera contre eux, auprès du DIVIN pendant le jugement cosmique. Ils seront malades et risquent de connaitre une mort précoce, parce que le propriétaire du matériel qui leur a été prêté, voudra le récupérer avant le délai d'usage imparti.

Ceux qui après la mort, refusent de rendre à ABIDICE sa terre, mettent leurs âmes en difficulté, dans le ciel ALADALAKOUTÖLI car AUCUNE ÂME NE PEUT EN PRINCIPE MONTER A LAGODOU TANT QUE SON CORPS N'A PAS ETE RESTITUE A GUEDI ABIDICE!

Par contre ceux qui assumeront leur responsabilité, en vivant dans les conditions optimales de propreté, en se nourrissant sainement et saintement, en propageant le bien autour d'eux, et en ne dénaturant ni ne souillant pas leur corps, feront la joie de Guédi ABIDICE. Ils jouiront des grâces matérielles liées à la vie terrestre, notamment la santé physique et la prospérité matérielle. Les Money Zizi, Lêhyri Zizi, les Gnamou Zizi, les Dolou Zizi et les Bala Zizi, les esprits de la richesse et du bien-être physique, seront leurs compagnons de vie.

Sachons que si ABA LAGÔ proclame les bénédictions et les malédictions sur la vie des créatures, c'est Guédi ABIDICE à travers GBAMLA DODO, La Terre, qui les matérialise. Aucune bénédictions ni

C : Cantique
L : Lexique

malédictions, ne peut par conséquent se matérialiser dans la vie terrestre d'une créature, sans l'accord préalable de La Terre.
Sachons par ailleurs que les bénédictions matérielles notamment la santé et la richesse, sont du ressort exclusif de Guédi ABIDICE, qui ne récompense que ceux qui prennent soin de la terre, qu'il nous a prêtée.
Bélié, Bêwlin, sachons que les bénédictions matérielles de Guédi ABIDICE sont immédiates.
Celui qui s'engage à rendre un endroit propre, aura les bénédictions matérielles immédiates liées à son action.
Celui qui donnera à manger à une personne affamée, aura immédiatement les bénédictions matérielles liées à son acte.
Celui qui aidera une personne indigente à se soigner aura les bénédictions matérielles liées à son acte.
Guédi ABIDICE comble matériellement les personnes charitables, généreuses ainsi que celles, qui s'investissent dans l'entretien de l'environnement.
C'est pourquoi Gnian BAGUÊ HGLONHYO nous enseigne de prier ABA LAGÔ parce qu'il nous a créé et de prier Guédi ABIDICE, à travers La Terre, parce que nous lui appartenons.
Ceci est la clé de la pratique spirituelle complète, qui permet d'aimer le DIVIN dans l'amour de sa création. Beaucoup pensent que la véritable adoration consiste à aimer ABA LAGÔ, de tout son cœur et de toute son âme, dans l'indifférence et même le mépris, de sa création. Ce n'est pas vrai!
Ceux qui raisonnent ainsi sont par ignorance ou par mauvaise foi, absolument loin de la pratique spirituelle véritable. La véritable adoration d'ABA LAGÔ, se vit prioritairement dans l'amour de sa création, donc dans l'adoration de La Terre.
Qui peut prétendre vous aimer s'il est capable de détruire votre œuvre et d'opprimer les personnes qui vous sont chères, notamment

C : Cantique
L : Lexique

vos femmes et vos enfants ?
Vous direz à ce dernier qu'il est un menteur. De même vous traiterez de menteuse une personne qui vous dit qu'elle aime le manguier mais déteste les mangues, ainsi que celle qui vous dit qu'elle adore la poule mais n'aime pas les œufs.
Alors pourquoi croyez-vous pouvoir aimer ABA LAGÔ, que vous ne voyez pas, dans l'indifférence et le mépris de son œuvre, qui est sous vos yeux?
Toi qui dis aimer ABA LAGÔ mais qui pollue et détruit La Terre, à cause de ta cupidité, nous disons que tu es un menteur !
Toi qui dis aimer ABA LAGÔ et ne te gènes pas à nuire à ton prochain, pour quelle que raison que se soit, nous disons que tu es un menteur!
Toi qui dis aimer ABA LAGÔ et vit dans l'indifférence de la souffrance, de la destruction et de la pollution, qui puent à côté de toi, nous disons que tu es un menteur!
Toi qui tue au nom d'ABA LAGÔ, nous disons que tu es un criminel, un agent de DEVLO et non un serviteur Du DIVIN.
Vous n'avez jamais été des hommes de foi comme vous le prétendez !
Les véritables adorateurs d'ABA LAGÔ, sont ceux qui portent à la nature l'amour qu'ils lui doivent, afin de l'exploiter de façon à ne pas compromettre son harmonie, loin de la pollution et de la destruction.
Les vrais adorateurs d'ABA LAGÔ, sont ceux qui portent à leur semblables, l'amour qu'ils lui doivent, de façon à leur faire le bien qu'ils attendant de lui.
Les vrais adorateurs d'ABA LAGÔ, sont ceux qui agissent toujours, pour guérir la création de la pollution, de la destruction et de la souffrance.
Les vrais adorateurs d'ABA LAGÔ, sont ceux qui diffusent sa parole non en répandant le sang ni en prenant des vies, mais en respectant

le droit à la vie de tous les hommes, les incrédules y compris.
Est un véritable croyant, celui qui trouvera toujours dans son cœur suffisamment de place pour manifester à l'autre, son pire ennemi y compris, l'Amour DIVIN.
Est un véritable homme de foi, celui qui peut pardonner à son pire ennemi, la pire offense qu'il lui aura faite aupire moment dans le pire endroit !
Est un véritable adorateur d'ABA LAGÔ, celui qui peut donner sa vie, pour semer dans le cœur de l'humanité, la portion la plus atomique de l'Amour DIVIN.

Bêlié, Bêwlin, **notre corps est la terre sainte, qui permet à notre esprit de mener son pèlerinage de purification sur La TERRE, par la simple volonté d'ABA LAGÔ.**
C'est ABA LAGÔ qui a choisi pour chacun de nous, la terre qui l'a accueilli à sa naissance.
C'est ABA LAGÔ qui a choisi la terre, qui recevra le corps de chacun de nous à son décès.
C'est ABA LAGÔ qui a choisi pour chacun de nous le corps, qui abrite son esprit. C'est à travers le corps que les autres nous identifient, car personne ne peut voir l'âme encore moins l'esprit de son prochain.
De même, c'est à travers la terre qui a reçu le messager, qu'on peut mieux le connaître.
C'est en visitant la terre qui a reçu le messager, que nous pouvons mieux comprendre son œuvre salvatrice.
C'est pourquoi, quiconque veut connaitre le DEHIMA dans sa localité, doit se rendre à la mission du Dehyimaba ou du Tètiba le plus proche.
C'est pourquoi, quiconque veut connaitre le DEHIMA dans sa région, doit se rendre à la mission du Powaba le plus proche.
C'est pourquoi, quiconque veut connaître et comprendre la véracité

C : Cantique
L : Lexique

totale de la religion DEHIMA, doit se rendre sur les terres sanctifiées par les empruntes de sa messagère.

Bêlié, Bêwlin, La Mecque, n'est pas la terre sainte de l'Islam par la volonté des hommes.

Rome, n'est pas la terre sainte de la religion catholique par la volonté des hommes.

Gagoué, n'est pas la terre sainte de la religion DEHIMA par la volonté des hommes.

C'est la volonté DIVINE qui fait d'un lieu, la terre sainte d'une religion.

C'est la volonté d'ABA LAGÔ, qui a fait de Gagoué la terre de naissance de sa fille Gnian BAGUÊ HGLONHYO.

C'est également la volonté d'ABA LAGÔ, qui a fait de Gagoué la terre qui abrite, la tombe de la messagère DIVINE, véritable témoignage vivant de son existence terrestre.

C'est à Gagoué, que doivent se rendre au moins une fois dans leur vie, tous ceux qui veulent avoir la preuve vivante, de l'existence de Gnian BAGUÊ HGLONHYO. Gagoué est pour le DEHIMA, ce que JERUSALEM est pour le monde chrétien occidental.

Le cantique dit en effet à ce sujet:

Ô louo ba?
O louo ba?
Ô louo ba?
O louo ba?
A fa ayi JERUSALEMOU ho!
Refrain: A kalé kplôkplô yèkè!
A kalé kplôkplô yèkè!
A kalé kplôkplô yèkè!
A fa yi JERUSALEMOU ho ! E kplô!

C : Cantique
L : Lexique

(Qui se souvient ? (de JESUS). Allez à JERUSALEM avec un corps pur pour être purifiés.)

Ce cantique nous dit que pour se souvenir de KLWEGNON ZOZI (L51), il faut se rendre à JERUSALEM, dans la pureté du corps. Celui qui veut connaître Le DIVIN, doit se rendre au lieu saint dans la pureté.

Bêlié, Bêwlin, JERUSALEM, n'est pas le lieu de naissance de JESUS qui est né à BETHLEEM. JERUSALEM est le lieu qui abrite la tombe de JESUS. La fin d'une œuvre étant mieux que son commencement, la tombe Du Christ qui matérialise sa fin de vie terrestre, est le témoignage vivant qui fortifie la foi, de tous ceux qui désirent avoir avec lui, une expérience personnelle. La tombe Du Christ JESUS est le point de départ de la renaissance de tous ceux qui la visitent dans la foi. JERUSALEM est la cité que Le Père Créateur a choisie pour rendre témoignage de l'existence Du Christ JESUS.
C'est ainsi que GAGOUE, ce village de la sous-préfecture de Nyambézaria, dans le département de Lakota, de la région du Lôh-Djiboua, en Côte d'Ivoire, qui abrite la tombe de Gnian BAGUÊ HGLONHYO, l'unique messagère de la religion DEHIMA, fortifie la foi de toute personne qui désire avoir avec elle, une relation personnelle.
Gagoué, est la terre que Le Père Créateur a choisie, pour rendre témoignage de BAGUÊ HGLONHYO au monde.
Gagoué, à travers la tombe de Gnian BAGUÊ HGLONHYO, ouvre la voie de la renaissance dans la foi, à l'humanité notamment l'humanité noire !
Bêlié, Bêwlin, aucun fidèle DEHIMA ne devrait pour quelque raison que ce soit, se priver d'aller au pèlerinage de Gagoué, la terre sainte qui abrite le témoignage du Saint Esprit, qui révéla à l'humanité, la religion DEHIMA.
De même, quiconque, pour quelque raison que se soit, empêche

C : Cantique
L : Lexique

d'autres fidèles DEHIMA, de pratiquer le pèlerinage de Gagoué, fait la volonté de DEVLO et s'expose au châtiment DIVIN.

Bêlié, Bêwlin, le pèlerinage de Gagoué, qui implique la visite dans la sanctification, de tous les villages qui ont reçu les pas de Gnian BAGUÊ HGLONHYO, notamment Batélébré, Souamanin, Loboglou, Nyambézaria et Gagoué, est une obligation spirituelle, pour tout fidèle DEHIMA, qui aime suffisamment Gnian BAGUÊ HGLONHYO, pour lui manifester son désire personnelle de la connaître, en se rapprochant le plus possible d'elle, dans la pureté.
Le pèlerinage de Gagoué, est l'occasion pour chaque fidèle DEHIMA de s'approprier le souvenir de Gnian BAGUÊ HGLONHYO.
Le pèlerinage de Gagoué rassemble tous les hommes, femmes et enfants, qui ont cru en la parole de Gnian BAGUÊ HGLONHYO, sans aucune distinction de courant ou de pratique.
Ne nous privons pas d'y aller aussi régulièrement que possible.
C'est le lieu de rassemblement dans la pureté, de tous les enfants que Gnian BAGUÊ HGLONHYO a engendré dans Le Christ.
Que personne ne constitue pour ceux qui désirent s'y rendre, l'agent de DEVLO, qui par la ruse et la persécution, entravera leur élévation spirituelle par une communion personnelle avec Leur Mère.
Dehyimagnoan, allons tous au pèlerinage de Gagoué dans la pureté, afin que Gnian BAGUÊ HGLONHYO, nous purifie davantage en faisant pleuvoir dans nos vies, la miséricorde, les grâces, les bénédictions et le salut que nous espérons.

Guédi ABIDICE est le nom de baptême d'un fidèle DEHIMA de sexe masculin. Il doit être très regardant sur son hygiène tant corporelle qu'environnemental. C'est un leader né, qui se bonifiera par des prises d'initiatives bénévoles, en faveur de sa communauté notamment dans le domaine du bien-être environnemental et social. Guédi ABIDICE trouvera la prospérité matérielle en valorisant son

C : Cantique
L : Lexique

travail quel qu'il soit !
La bonne foi doit être au cœur des prises de positions de Guédi ABIDICE, s'il ne veut pas s'attirer l'échec, la maladie et la mort précoce, auxquels le Guessi (L52) l'exposera en cas de mauvaise foi manifeste.

Bélié, Bêwlin, à travers l'évangile de Guédi ABIDICE, Gnian BAGUÊ HGLONHYO nous a transmis le message de La Terre. Ce message nous invite à être des hommes de foi complets, dont l'adoration véritable d'ABA LAGÔ, Notre Père Créateur repose principalement sur l'Amour que nous manifestons à sa création terrestre, son œuvre rédemptrice, l'expression de notre adoration sincère à GNIANSÔLOUA GBAMLA DODO, La Planète Terre. La Fille Du DIVIN, nous recommande de nous en souvenir lorsque nous prions(C17).
Que la compréhension et la mise en pratique des enseignements de l'évangile du Prophète ABIDICE, guérissent nos esprits du péché et nous ouvre les portes de la prospérité matérielle par le succès de toutes nos entreprises tel que promis par Gnian BAGUÊ HGLONHYO qui ne tient pas son pouvoir des hommes mais d'ABA LAGÔ et de GBAMLA DODO(C18) !

E gnoupalé hgéni agin kou Gnian BAGUÊ HGLONHYO a hglin mou E ko sê !
(Soyez benis au nom de Gnian BAGUÊ HGLONHYO !)

C : Cantique
L : Lexique

CANTIQUES

C1 :

DODO hbli ganin kou ho !
GBAMLA DODO DLAFOUELIGNON, DODO hbli ganin kou ayo !
DODO zéli ayo !
DODO HBLIKI ho A ka hbihbié nou !
(La Terre, notre témoin a pris le pouvoir. C'est le jour de La Terre. Terre qui est fidèle à sa parole, nous t'invitons à la prière.)

C2 :

A hbihbié LAGÔ, LAGÔ nou agnin ho !
A hbihbié DODO, DODO ka agnin !
(Prions DIEU car il nous a créés. Prions La Terre car nous lui appartenons.)

C3 :

Ô nou agnin ho ? LAGÔ nou agnin bé !
BAGUÊ HGLONHYO solou agnin ho DODO ka agnin bé !
Hboto a wéli ho DODO, A gnin la ho !
Gbazézla wéli ho LAGÔ hblikou ho !
**(Qui nous a créés ? C'est Le DIVIN qui nous a créés !
BAGUÊ HGLONHYO nous a dit que nous appartenons à La Terre. Nous confions par conséquent nos besoins à La Terre. Quant à nos difficultés, Le DIVIN s'en charge.)**

C : Cantique
L : Lexique

C4 :

LAGÔ ya DODO plawê tité nin !
E sa zéli yékou ayo !
LAGÔ ya DODO plawê tité nin !
E sa zéli yékou ayo !
Gbêklê Zouzou Dali pa zéli ayo !
ABA LAGÔ mon gagné GBAMLA DODO ho mon signé !
Refrain : ABA LAGÔ ho mon gagné GBAMLA DODO ho mon signé !
(C'est lorsque Le DIVIN et La Terre, sont en jugement que les jours se séparent et que le coq de Pagode chante. A ce jugement, Le DIVIN l'emporte et La Terre entérine.)

C5 :

LAGÔ nou agnin ho !
DODO ka agnin bé !
A glawloussa gnin ka DODO ho !
DODO ka agnin a dlafouet lia ayo !
Ayo !
LAGÔ ka agnin a lié kou pa ayo !
(DIEU nous a créés. Nous appartenons à La Terre. Prions La Terre pour qu'elle intercède auprès Du DIVIN en notre faveur, afin qu'il prolonge nos jours.)

C : Cantique
L : Lexique

C6 :

LAGÔ plikimeni ho !
A ya glô ho !
A ya glô ho, zéplimènou galia zéli ho !
A ya bakou ho !
A yi A ka ZOZI a lébé nou ayo !
(Prédicateurs du DIVIN réveillez-vous !
Le coq de pagode a réveillé le jour.
Levez-vous pour servir JESUS.)

C7 :

Dressilili pa wéli ho ! Ya glô ho !
Ô bouté kikli bouté gbakë pa wéli ho ! Ya glô ho !
A ya glô ho A ka lébénou !
(Le coq a chanté ! Réveillez-vous !
Celui qui se frappe la poitrine et les côtes a chanté ! Révéillez-vous !
Réveillez-vous pour prier.)

C8 :

LAGÔ ya DODO plawê tité nin E ka tè ho ayio !
LAGÔ ya DODO plawê tité nin E ka tè ho ayio !
E ni tè ho ayio A ka lébénou !
(Que le jugement du DIVIN et de La Terre soit difficile ou pas,
venons prier.)

C : Cantique
L : Lexique

C9 :

DODO tou ho DODO tou ho : « LAGÔ ho ! »
GBAMLA DODO tou ho DODO tou ho : « LAGÔ ho ! »
A sa gôzi glou ho !
A sa gnidi glou ho !
A sa gozi glou ho DODO tou ho : « LAGÔ ho ! »
A ka ho lébénou.

(La Terre pleure : « Hé DIEU ! ». La Terre Notre Mère Nourricière pleure : « Hé DIEU ». Déterrons les fétiches et les canaris car La Terre pleure : « Hé DIEU ! ».)

C10 :

GBAMLA DODO ka tchi ho Ô lolo ho !
DODO pélié ka tchi ho Ô lolo ho !
Ô lolo ho A ka hbihbié nou ho !

(La Terre parle en bégayant. La Terre qui nous distribue les bénédictions et les malédictions, parle en bégayant. Prions car elle bégaie.)

C11 :

DODO hbakou ho kplimon kplimon ho !
GBAMLA DODO ka hbakou ho kplimon kplimon ho !
Kplimon kplimon ho Ô boda !

(LA Terre se lève bruyamment. La Mère Nourricière se lève bruyamment. C'est dans le bruit qu'elle parle.)

C : Cantique
L : Lexique

C12 :

« DODO zèti ho ! »
« DODO zèti ho ! »
LAGÔ la : « DODO zèti ho !
DODO zèti bayo !
Cô ho ! yaya gnou pa !
A ya wlawlou ho !
A ka hbihbié nou ho ! »
(« La Terre est souillée !
La Terre est souillée ! »
Le Père Créateur dit : « La Terre est souillée. Je vais la purifier. Par conséquent rassemblez-vous pour prier. »)

C13 :

A ka tchi A hbohbo ho !
LAGÔ yrouzôkougnoagnin A ka tchi A hbohbo ho !
Mon mon zéli ka yi ho, DODO ta wlou bida ka !
(Méditez lorsque vous parler. Peuples de DIEU, méditez lorsque vous parlez car quand vient le jour de la mort, La Terre est incontournable.)

C14 :

LAGÔ ya DODO mènouda ho !
LAGÔ ya DODO mènou da ho !
Kué ho !
(La mort est un accord entre Le DIVIN et La Terre.)

C : Cantique
L : Lexique

C15 :

A ya LAGÔ a guessi to !
ABA a hglin gnima ho !
A ya DODO a guessi to !
DODO a hglin gnima ho !

Refrain : A ya LAGÔ a guessi to !
A ya DODO a guessi to !
A ya LAGÔ a guessi to !
ABA a hglin gnima ho !
A to guessi ho !
A ka lébénou !
(Nous avons péché contre Le DIVIN. Le nom Du DIVIN est Sali. Nous avons péché contre La Terre, le nom de La Terre est Sali ! Nous avons péché contre Le DIVIN et La Terre. Nous avons Sali le nom du DIVIN. Allons prier car nous avons péché !)

C16 :
DODO ya DODO tchakalé !
GBAMLA DODO tchakalé !
Agnin fin, A mon talé bé !
A zra gougoué A kô gnin hba !
DODO ya DODO tchakalé !
GBAMLA DODO tchakalé !
(La Terre se mélange à la Terre. Allez tous chercher et demander la route (du salut) pour lui (le défunt) car La Terre se mélange à La Terre.)

C : Cantique
L : Lexique

C17 :

GBAMLA DODO ka tchi ho, BAGUÊ HGLONHYO solou agnin nan !
Agnin LAGÔ yrouzôkougnoan nou ta DODO a wéli ho !
ALIBE HGLONHYO nan Ô yè mou : « A na béla DODO a wéli kou ho A hbihbié ».

(BAGUÊ HGLONHYO nous transmet le message de La Terre mais les hommes ne comprennent pas le message de La Terre. HGLONHYO, La fille d'ALIBE dit qu'elle s'en va : « Priez sans oublier le message de La Terre. »)

C18 :

LAGÔ gnon ganin ho !
BAGUÊ HGLONHYO, LEBELAHGLON, DODO gnon ganin ba ayo !
Ô bè kè yrouzôkougnoan ganin ka ayo !
Papagnou ho hgéni agnin bayo !
A zou ôgui ho ! A ka lébénou !

(BAGUÊ HGLONHYO, La messagère, tient son pouvoir de DIEU et de la Terre. Elle ne tient pas son pouvoir des hommes. Qu'elle nous bénisse afin que nous puissions prier dans le respect.)

C : Cantique
L : Lexique

LEXIQUE

(L1)Awênain ho! Essiahbalo! : Salutation DEHIMA:
Celui qui salue : Awênian ho! (Bien-aimés)
Réponse: Ya(Oui!)
Celui qui salue (reprend à nouveau): Essiahbalo! (Je salue au nom du Seigneur)
Réponse: Alakimino! (Nous l'acceptons!)
NB : Lorsque celui qui introduit la salutation a une autorité supérieure à son interlocuteur ou est l'autorité supérieure de l'assemblée, il peut poursuivre la salutation en lançant à nouveau : Essiahbalo ! Cette fois, il lui est répondu : Tètikalégnon Essiahba ! (Sois également saluée autorité!)

(L2)Bêlié: Se traduit par « Frères ». Désigne les fidèles mâles dans la communauté DEHIMA qui est une fraternité en Christ. Devient : « A béli » au singulier

(L3) Bêwlin: Se traduit par « Sœurs ». Désigne les fidèles de sexe feminin dans la communauté DEHIMA qui est une fraternité en Christ. Devient : « A bêhglon » au singulier

(L4) BAGUÊ HGLONHYO : Se traduit par « La Fille du DIEU révélé ». Nom DIVIN de DJIGBA DAHGLON, la révélatrice de la religion DEHIMA.

(L5) DEHIMA: Se traduit par « Les nouvelles sont arrivées ici, (en Afrique) ». Désigne l'ensemble des enseignements spirituels et DIVINS, révélés par BAGUE HGLONHYO, Le Christ de l'humanité noire. Nom de la religion révélée par BAGUÊ HGLONHYO.

C : Cantique
L : Lexique

(L6) Djlêma: Se traduit par « la lumière d'ici ». Désigne les enseignements spirituels et DIVINS. Ainsi, chaque parole spirituelle ou DIVINE émanant de Gnian BAGUÊ HGLONHYO est un Djlêma. C'est pourquoi, nous avons utilisé le Djlêma comme l'unité de découpage des évangiles pour en faciliter le commentaire. Le Djêma est pour Le DEHIMA ce que le verset est dans la religion chrétienne occidentale.

(L7) Djamatliki: Nom DIVIN de la race noire dans la religion DEHIMA. La race blanche est appelée « Efinda » et la race jaune « Djamatlipa »

(L8) DËVLO ou DËVLO KALAKILO: Se traduit par « les nouvelles qui pèsent » c'est-à-dire la parole de tentation qui incite au péché. Nom propre, désignant le diable dans la religion DEHIMA.

(L9) MINHNINSSA: Se traduit par « enlever ou puiser du plus profond de soi ». Nom attribué à BAGUÊ HGLONHYO en sa qualité de servante d'ABA LAGÔ. BAGUÊ HGLONHYO est celle qui puise la parole au plus profond du DIVIN, pour la transmettre à l'humanité.

(L10) ABA LAGÔ: Se traduit par « Notre Père le plus ancien ou Notre Ancêtre Originel ». Nom propre de DIEU dans la religion DEHIMA.

(L11) GNIANSÔWLOUA GBAMLA DODO: Se traduit par « La Mère Nourricière, La Terre». Nom DIVIN de la Planète Terre qui engendra avec ABA LAGÔ, Le Père Créateur, les créatures terrestres.

(L12)DJIZESS KLASSI: « JESUS CHRIST » en anglais dans l'accent godié.

(L13) Dehyimagnoan: Se traduit par « Les gens du DEHIMA ». Désigne les fidèles de la religion DEHIMA. Devient « Dehyimagnon », au singulier et Dehyimahglon au féminin.

C : Cantique
L : Lexique

(L14) Sika Mamba: Se traduit par « L'or pur. La richesse inestimable. ». Désigne l'évangile dans la religion DEHIMA.

(L15) KPLÔKPLÔHGLON: Se traduit par « La femme sainte ou encore sa Sainteté ». Nom attribué à BAGUÊ HGLONHYO pour la pureté dans laquelle, elle demeura pendant toute sa vie en s'abstenant de rapports sexuels et de tout péché.

(L16) KOUHBLABÔGUÊ: Se traduit par « Le mort esprit ou encore l'impur esprit ». Esprit maléfique qui amplifie le péché dans l'esprit de toute créature notamment chez l'homme.

(17) Glëgbéa wéli: Se traduit par « la parole parabolique ou la parabole». Désigne l'enseignement DEHIMA notamment les évangiles.

(L18) ZOZI: Se traduit par « la honte domine ». Nom propre de JESUS dans la religion DEHIMA. JESUS est celui dont l'humanité a eu si honte qu'elle le renia au profit du diable.

(L19) Guédi): Se traduit par « Révèle la nouvelle !». Désigne le prophète. Guédi ABIDICE signifie « le Prophète ABIDICE ».

(L20) NFÊGLA: Se traduit par : « La cité lointaine ». Désigne le ciel de la Terre Originelle où règne Guédi ABIDICE.

(L21) Sabo Tchoutchou: Se traduit par « La nuit noire ». Désigne les ténèbres, l'obscurité. Désigne surtout un état d'esprit maléfique.

(L22) DJOUDA: Nom propre de Judas, le traitre qui livra JESUS à ses ennemis parce que le péché abondait en lui.

C : Cantique
L : Lexique

(L23) BAGALEDOU: Se traduit par « La cité des interdits du Père ». Désigne la cité de pureté du ciel BAGANIN où ABA LAGÔ réside. C'est la capitale exécutive des cieux DIVINS. Est aussi appelée "**GBAKALEDOU**", la cité des interdits.

(L24)BAGANIN: Se traduit par « L'autorité du Père ». Désigne le ciel où le Père Créateur réside et d'où il exerce son pouvoir exécutif sur l'ensemble de la création.

(L25) WAZÔKUE: Se traduit par : "On ne paie pas la mort". Voire l'évangile du Prophète WAZOKUE

(L26) LAGODOU: Se traduit par « La Cité de DIEU ». Désigne les cieux DIVINS ou les Cieux lumineux où règne ABA LAGÔ.

(L27) Zouzouhblagnaon: Se traduit par « tueurs d'esprit ». Désigne les personnes qui poussent intentionnellement les autres au péché, pour leurs intérêts. Devient « Zouzouhblagnon » au singulier et « Zouzouhblahglon » au féminin singulier et "Zouzouhblawlin" au feminin pluriel.

(L28) Djlêmagnon): Se traduit par « l'homme du djlêma ». Désigne le fidèle DEHIMA qui, en raison de son aptitude à appliquer la parole de DIEU dans tous les domaines de sa vie, est consacré pour aider le clergé dans les activés non cléricales de la vie communautaire, notamment la gestion administrative et financière, les règlements des conflits...
Le Djlêmagnon est aussi appelé « Apôtre ».
Devient « Djlêmagnoan au pluriel et " Djlêmahglon" au féminin.

C : Cantique
L : Lexique

(L29) Aladja: Se traduit par « Dès qu'on l'appelle ou l'exécutant ». Désigne le fidèle DEHIMA, qui en raison de sa disponibilité à servir est consacré pour sonner la cloche, assurer la sécurité de la communauté pendant les offices religieux, ainsi que l'entretien de la paroisse et des éléments liturgiques. Les Aladjas sont les bras séculiers du clergé, dans l'organisation des rituels et des cérémonies religieuses.

(L30) Sacaba: Se traduit par "enlève! ou révèle!". Désigne le fidèle DEHIMA consacré, en raison de ses compétences vocales, pour animer les cérémonies religieuses, par les cantiques. Dans la religion DEHIMA, ce sont en effet les cantiques des sacabas, qui expliquent les cérémonies, les évangiles et les prières.

(L31) Lézé) ou Commis Lézé: Se traduit par « le rapporteur des bénédictions et des malédictions ». Désigne le fidèle DEHIMA consacré, pour donner l'évangile pendant les cérémonies religieuses.

(L32) Plikiman: Se traduit par « homme de prières ou celui qui prie». Désigne le fidèle DEHIMA qui est consacré, pour aider le guide religieux dans la conduite des cérémonies, notamment en disant la prière ou en prêchant l'évangile. Le Plikiman supplée le guide religieux en cas de besoin. Il est aussi appelé : « Plikignon ». Devient « Plikihglon » au féminin. Il devient respectivement Plikimen, Plikignoan et Plikiwlin, au pluriel.

(L33) Têtiba: Se traduit par « Le Père de la force ». Désigne le Plikiman consacré pour aider les fidèles, à orienter leurs prières par la pleine manifestation du don de prophétie. Le Têtiba, est aussi appelé « Prophète ». Devient « Têtinon » au féminin.

(L34) Dehyimaba: Se traduit par le « Le Père du DEHIMA ». Désigne le premier responsable de la communauté paroissiale. Devient Dehyimanon au féminin.

C : Cantique
L : Lexique

(L35) Powaba (pawaba): Se traduit par « Le Père du pouvoir». Désigne le premier responsable de la communauté DEHIMA au plan régional. Le Powaba est le dépositaire du Saint Esprit dans la religion DEHIMA. N'a pas de féminin car les femmes n'ont pas le droit d'exercer cette fonction cléricale.

(L36) Le Chef Suprême: Désigne l'autorité suprême de la religion DEHIMA. Il est consacré à vie par les Powabas à GAGOUE où il siège.

(L37) DJIGBOGBASSA: Se traduit par « la parole de pouvoir ou encore la parole d'autorité ». Nom du Ciel d'où le Père Créateur planifia et expérimenta la création.

(L38) BODOBA : Se traduit par " le dompteur du mal". Voire évangile du Prophète BODOBA

(L39) TIMA SAPLÔ: Se traduit par "la beauté telle qu'elle a été pétrie". Voire l'évangile du Prophète TIMA SAMPLO.

(L40) NWAWLÊTCHIHGLON: Se traduit par « la femme qui dit la vérité ». Nom attribué à BAGUÊ HGLONHYO, pour attester de la véracité de son enseignement.

(L41) LOBOGLOUHGLON: Se traduit par " la femme de Loboglou". Nom attribué à BAGUÊ HGLONHYO en raison de son établissement dans le village de Loboglou où elle exerça son ministère prophétique DIVIN. C'est en effet dans ce village, situé à une dizaine de kilomètres de Nyambézaria qu'elle trouva après plusieurs tribulations, la paix et les hommes de foi qui lui permirent d'enseigner sa parole et de prier pour les âmes affligées qui venaient à elle.

(L42)TIMITI AKA: Se traduit par "le bien du bien que nous avons". Esprit saint qui recompense chaque fidèle qui participe à la messe de nuit de la bénédiction qu'il mérite.

C : Cantique

L : Lexique

(L43) LAGÔ TÊTÊ GALEYOUA: Se traduit par "Le Premier Fils Du DIVIN". Prière canonique à la gloire Du Christ JESUS que les fidèles DEHIMA doivent reciter pour clôturer les prières quotidiennes qu'ils prononcent pendant les jours autres que vendredi dont les prières sont clôturées par le "**LAGÔ YOWLI ZOZI A BÔBÔ DJRÊMA**" c'est à dire "Les normes d'adoration de JESUS, Fils du DIVIN".

(L44) Yrözôkougnoagnin: Se traduit par " Ceux qui vivent sous le soleil". Désigne aussi bien l'humanité noire qui vit sous les tropiques que l'ensemble des créatures terrestres notamment les humains.

(L45) Money Zizi (mani Zizi): Se traduit par « Esprits des finances ». Désigne les esprits saints chargés des bénédictions financières.

(L46) Lêhyri Zizi: Se traduit par « Esprits de la prospérité ou de richesse ». Désigne les esprits saints chargés de la prospérité.

(L47) Gnamou Zizi: Se traduit par « Esprits du souffle ». Désigne Les esprits saints chargés d'entretenir le souffle.

(L48) Dolou Zizi: Se traduit par « Esprit du sang ». Désigne les esprits saints chargés d'entretenir le sang.

(L49) Bala Zizi: Se traduit par « Esprit de la terre (banco) ». Désigne les esprits saints chargés de l'entretient du corps.

(L50) ALADALAKOUTÖLI: Se traduit par « Apportez les choses de la mort ou exposez les nouvelles de la mort ». Désigne le Ciel où les âmes se retrouvent après la mort pour le jugement qui consacrera ou pas, leur passage dans les cieux DIVINS.

C : Cantique
L : Lexique

(L51) KWLEGNON ZOZI: Se traduit par « Celui qui nous a adopté, JESUS». JESUS est en effet celui qui a ouvert l'éducation DIVINE à l'ensemble de la création notamment les pécheurs.

(L52) Guessi: Désigne la malédiction du péché.

C : Cantique
L : Lexique

REMERCIEMENTS

Nos remerciements les plus sincères vont à Gnian BAGUÊ HGLONHYO, dont la miséricorde nous a appelés à la religion DEHIMA, et qui nous a fait la grâce de nous révéler, la profondeur des mystères cachés de son enseignement. Nous la prions afin qu'elle transmette à ABA LAGÔ, Le Père Créateur, à GBAMLA DODO, La Terre, Notre Mère Nourricière et à KWLEGNON ZOZI, Le Premier Fils de DIEU, notre reconnaissance la plus sincère.

Nous remercions l'ensemble de la communauté DEHIMA pour son soutien
notamment :
- Tous les Powabas spécialement Papa ZIGBLEGBEYOU GNANKPÔ, Chef Suprême de la religion DEHIMA, Papa OSSOLOUA MATHIEU, Président du Conseil National DEHIMA et le Powaba OKA NOUAN de Bouaké, Sécretaire Général du Conseil Suprême DEHIMA.

- Tous les Dehyimabas et leurs collaborateurs directs, particulièrement Maman DODO GUITI, Dehyimanon de la paroisse ANON ALIBE d'ABOBO CENTRE ainsi qu'à tous nos frères et sœurs de ladite paroisse. Nous gardons au plus profond de nous une pensée pieuse pour notre Mère Spirituelle la Dehyimanon ANON ALIBE.

- La communauté DEHIMA d'Abidjan pour son dynamisme.

- A chaque fidèle DEHIMA notamment la Jeunesse nationale DEHIMA qui à travers le Mouvement JESUS A FLANGA nous gratifie d'une confiance indéfectible sans cesse renouvelée.

Nous remercions tous les acteurs de la fondation SIKA MAMBA. Merci à tous ces frères et sœurs qui ont décidé de relever le défi de l'évangélisation dans la religion DEHIMA en consacrant leurs moyens,

C : Cantique
L : Lexique

leurs efforts et leur temps, à la conception et à la publication de supports de qualité. Nous prions afin que Gnian BAGUÊ HGLONHYO les bénisse abondamment.

Remerciements spéciaux à notre famille notamment mes frères, mes sœurs et surtout ma compagne, Dadi Djoko Joelle Sephora, Guédi Seko ainsi que mes adorables enfants Tima Samplo, Johnis, Efinda et Dandonnée.

Nous rendons un hommage à tous ces maîtres qui ont participé à notre édification spirituelle, notamment Le Powaba AKONTE DJATCHI de Yopougon Koweit, Le Déhyimaba Commis Lézé d'Abobo BC, feu Le Dehyimaba KÔTÔKI de Séchi (Agboville), Le Plikignon AHIKÔ Kouadio d'Abobo Centre, Le Plikignon WAGNIMACLIZI Alfonse d'Abobo Centre, Le Plikignon LAGÔKANAKUE GNANAGBE de Yopougon Koweit et Le Plikignon Belga SEMOA de Yopougon Toît-Rouge.

Nous ne saurons oublier ces lampes, qui ont éclairé notre vie de leur lumière : feu Le Powaba AHIZAYO de koumassi, feu Le Dehimaba DJOPOU de Yopougon Attié, feu Le Dehimaba ABOSS de Cocody Abatta et feu Le Tètiba LOYA de Tolabonou.

Pour toujours nous gardons au plus profond de nous une pieuse gratitude pour notre Père, AFFRI DANIEL et notre Mère, AKE N'TAHO CATHERINE, qui depuis les cieux continuent de nous soutenir.

Enfin, nous te remercions, très cher lecteur pour tout l'intérêt actif que tu manifestes à la religion DEHIMA. Nous prions Gnian BAGUÊ HGLONHYO, afin qu'elle t'en bénisse abondamment, en fructifiant à ton avantage cet investissement spirituel, que tu viens de réaliser par l'acquisition du présent support, le premier d'une longue série dont la compilation, comblera le déficit d'informations sur la religion DEHIMA.

C : Cantique
L : Lexique

E tèti hgéni agnin kou Gnian BAGUÊ HGLONHYO a hglin mou E kou sê !

(Que la force soit notre partage dans le nom Gnian BAGUÊ HGLONHYO)

C : Cantique
L : Lexique

ALABIAM SOYALO

« Priez ABA LAGÔ car il est votre Père Créateur !
Priez GNIANSÔWLOUA GBAMLA DODO, La PLANETE Terre, car elle est votre mère nourricière ! »

Gnian BAGUÊ HGLONHYO, La Fille bien-aimée de DIEU et de La Terre, Révélatrice de la religion DEHIMA

Fondation SIKA MAMBA : 0506345802

C : Cantique
L : Lexique

Printed by Books on Demand GmbH, Norderstedt / Germany